GET STYLE GROOMING 2019 TREND CUT 2

이서현 지음

Maltese
Shih Tzu
Pomeranian
Yorkshire Terrier

Get Style Grooming
2019 Trend Cut 2

초판 1쇄 발행 2019년 01월 01일
　　 2쇄 발행 2020년 12월 01일

지은이 이서현
펴낸이 장길수
펴낸곳 지식과감성#
출판등록 제 2012-000081호

디자인 최유리 cyr1230@naver.com
편집 최유리
교정 박솔빈
마케팅 고은빛

주소 서울시 금천구 벚꽃로298 대륭포스트타워6차 1212호
전화 070-4651-3730~4
팩스 070-4325-7006
이메일 ksbookup@naver.com
홈페이지 www.knsbookup.com

ISBN 979-11-6275-407-8(13590)
값 30,000원

ⓒ 이서현 2019 printed in korea

잘못된 책은 구입하신 곳에서 바꾸어 드립니다.
이 책의 전부 또는 일부 내용을 재사용하려면 사전에 저작권자와 펴낸곳의 동의를 받아야 합니다.

이 도서의 국립중앙도서관 출판예정도서목록(CIP)은 서지정보유통지원시스템 홈페이지
(http://seoji.nl.go.kr)와 국가자료종합목록시스템(http://www.nl.go.kr/kolisnet)에서
이용하실 수 있습니다. (CIP제어번호 : CIP2018040488)

홈페이지 바로가기

머리말

두번째 겟스타일 책을 내면서..

첫 번째 ≪개스타일≫ 책은 고객과 함께 보며 애견미용에 대한 소통의 수단이었다면, 이번 ≪Get Style Grooming 2019 Trend Cut≫ 1편과 2편은 초심자부터 현직 미용사분들까지 애견미용의 다양한 스타일의 이해를 돕기 위한 목적을 가지고 만들게 되었습니다. 책을 만드는 기간 동안 나만의 미용 순서와 방법을 사진과 글로 정리하는 게 고된 작업이었지만, 저 또한 다시 한번 공부하는 시간이 되어 너무나 즐거웠습니다. 이 책이 많은 미용사분들에게 기술을 응용하여 자기만의 스타일을 찾을 수 있게 해주는 길잡이 역할을 해준다면 참 좋을 것 같다는 생각에 책이 나오기까지 설레고 또 설렜던 시간이었기도 합니다.

애견미용은 기술과 테크닉만으로 되지 않는다고 생각합니다. 또한 강아지는 살아 있는 생명체이기에 조심스럽게 소중히 다루며 미용하는 게 우선이라고 생각합니다. 요즘은 SNS나 세미나로 배움의 기회는 많아졌지만, 경험으로 비추어 보아 기본적인 베이싱이나 드라이, 스트레스 없는 보정 방법 등 애견에 대한 이해력이 부족해 실수가 반복되고, 슬럼프에 빠지는 애견미용사분들이 많다는 사실을 잘 알고 있습니다. 애견미용은 누구나 도전하고 따라 할 수 있는 기술이지만 강아지에 대한 이해력이 부족하면 더 깊게 배우는 도중 쉽게 포기하는 경우가 많습니다. 강아지를 진심으로 사랑하는 마음이 있어야 가능한 일이고, 단순히 미용을 예쁘게 하는 것보다는 하나하나 개성을 살려 장점을 부각시키고 단점은 보완해주면서 수많은 경험으로 애견미용 과정에 대한 어려움을 해소할 수 있어야 온전한 나만의 미용이 되리라고 확신합니다.

2019년 저자 **이서현**

이 책의 구성

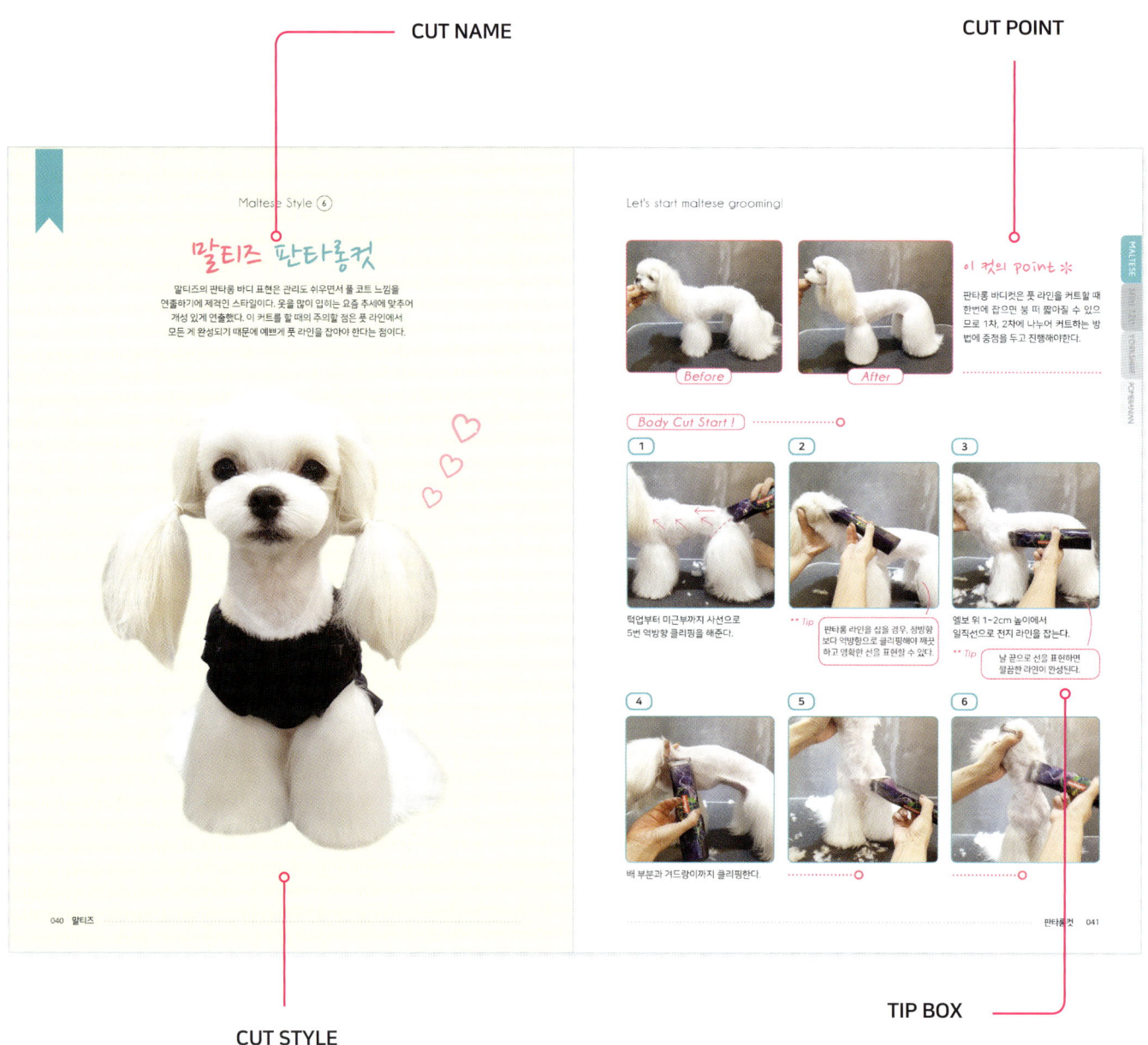

CUT NAME

CUT POINT

CUT STYLE

TIP BOX

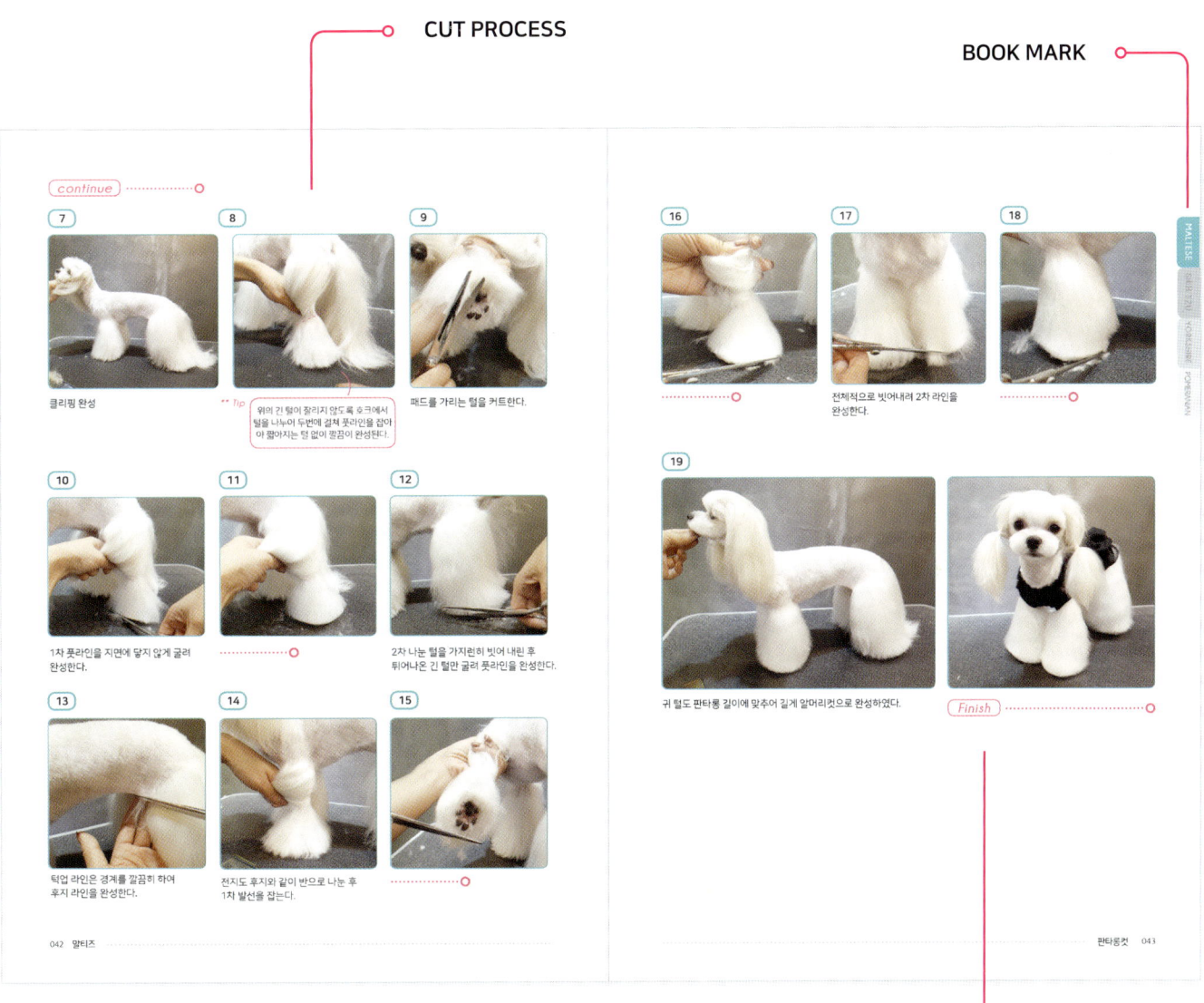

Contents

| PART1 | Maltese Style | 09 |

① 머리묶은 얼굴컷 10
② 알머리 짧은 귀컷 + 4정 스포팅컷 14
③ 귀민 알머리컷+라인컷 20
④ 알머리 단발컷 26
⑤ 베이비컷 32
⑥ 판타롱컷 40

<완성도를 높이는 미용의 기본, 베이싱> 44
<커트 전 샴푸방법과 컨디셔너 사용방법> 45
<커트 전 효과적인 드라이 방법> 46

PART2 Sit zhu & Yockshire Style — 47

① 알머리컷+스포팅 — 48

② 베이비컷 — 54

③ 요크셔테리어- 단발컷+스포팅 — 60

PART3 Pomeranian Style — 69

① 곰돌이컷 — 70

② 라이언 변형컷 — 80

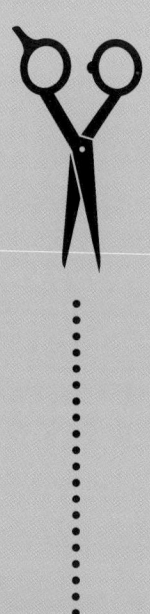

PART 1

Maltese Style

열정은 무언가 열심히 잘하고자 하는 마음이라면,
노력은 잘하고자 하는 마음을 현실화 시키기 위한 과정이다.

① 머리묶은 얼굴컷

② 알머리 짧은 귀컷 + 4정 스포팅컷

③ 귀민 알머리컷+라인컷

④ 알머리 단발컷

⑤ 베이비컷

⑥ 판타롱컷

Maltese Style ①

말티즈 머리묶은 얼굴컷

요즘 반려견과 기념 촬영을 할 수 있는 스튜디오가 많이 생겨나고 있다.
특별한 날 색다른 스타일의 반려견과 함께 촬영하기를 원하는 고객을 위해
헤어 고데기로 풍성한 웨이브와 짧고 둥근 머즐 표현으로
귀엽고 더욱 더 사랑스러운 스타일링을 완성하였다.

Let's start maltese grooming!

Before

이 컷의 Point *

귀 끝 민트색은 원래 있었던 염색이 자연스레 빠지면서 마치 그라데이션을 준 느낌으로 독특한 스타일링의 포인트가 되었다. 모델 견처럼 머리와 귀 부분의 털을 길게 기르고 머즐은 관리가 편하고 귀엽게 커트하는 스타일로 꾸준히 사랑받고 있는 컷이다.

이 컷의 포인트는 뺨쪽 털을 살려두며 머즐라인을 잡는 것이다. 그 부분의 털을 자르면 머리숱이 빈약해 보이고 볼륨감이 없어져 머즐이 더 길어보이게 될 수밖에 없어 중요하다.

Start !

1

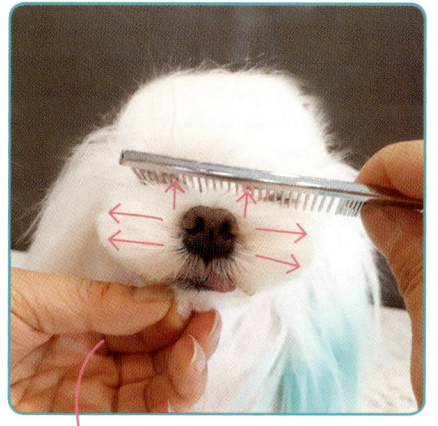

 Tip 페이스콤을 사용해 머즐 털을 펼치듯 코밍한다.

2

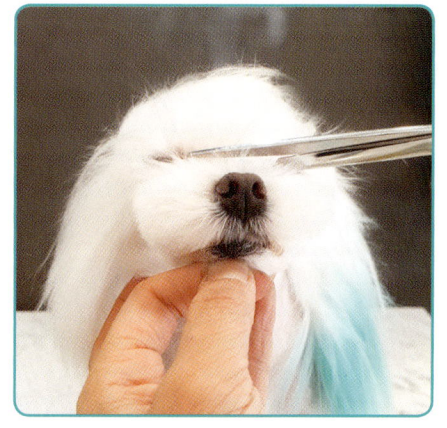

일직선으로 미간의 털을 커트하며 분리해준다.

3

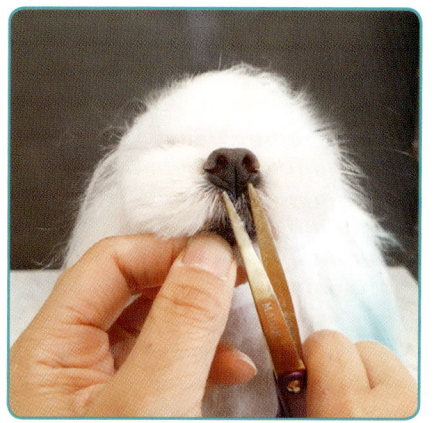

코 아래 넓이만큼 입술의 털을 짧게 커트하면 시간이 오래 지나도 예쁘게 자란다.

4

입 끝으로 사선 방향으로 떨어지는 털을 정리한다.

5

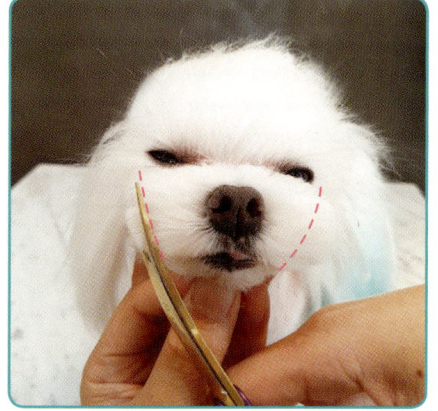

정면에서 볼 때 눈 끝 지점에 맞추어 머즐의 기초선을 잡아준다.

6

입 끝 지점까지 깊게 넣어 머즐 털과 뺨 털을 명확히 나눠준다.

7

** Tip 표시된 부분이 쳐지는 것을 계산하여 과하게 올려 커트하지 않아야 예쁜 머즐이 표현된다.

8
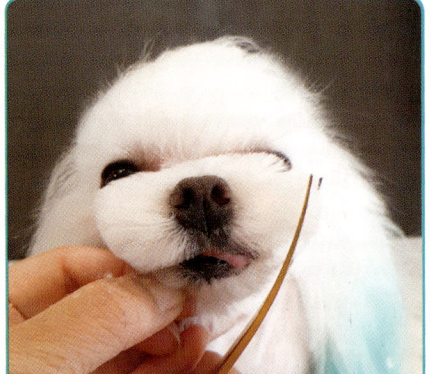

반대편도 같은 폭으로 맞추어준다.

9

짧은 커브가위를 사용하여 굴려주면 안정감있게 커트할 수 있다.

10

눈 끝 1/3지점까지 짧게 자르고 나머지 뺨 털을 살려두면 풍성한 귀 장식털과 입체감을 살릴 수 있다.

11

** Tip 입술을 살짝 올려 기초선 위로 튀어나온 털을 정리하면 선명한 라인을 표현할 수 있다.

12
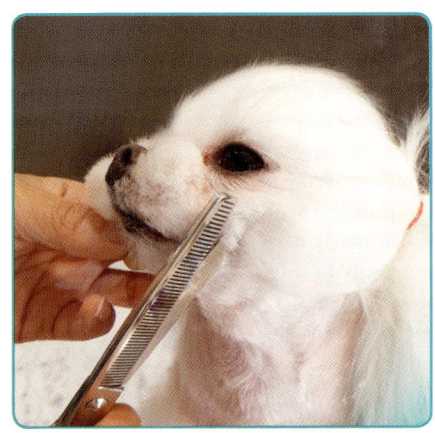

티닝가위로 나머지 불필요한 털을 짧게 정리한다.

13

끝의 모서리를 굴려 각을 없앤다.

14

턱 아래를 바디 길이보다 한 단계 짧게 클리핑한다.

15

좌우대칭을 맞춰준다.

16 침색 옆 변색된 부분을 짧게 커트한다.

17

** Tip 턱 부분을 짧게 하고 위쪽으로 볼륨감을 주어 풍성하게 중심점을 위로 올려주면 더 귀여운 얼굴 컷이 완성된다.

18 위에서 본 모습

19 측면

20 정면

21 눈꼬리에서 귀 뿌리 앞까지 2/3 정도 꼬리빗을 사용하여 반원으로 털을 나눠 밴딩한다.

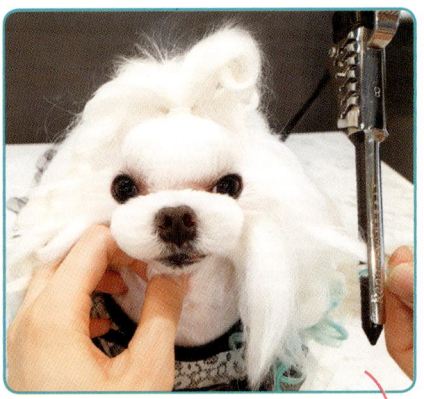

22 고데기를 이용해 웨이브 컬을 넣어 셋팅한다.

** Tip 남자 짧은 머리펌 할 때 사용하는 고데기를 추천한다. (미용 재료상에서 쉽게 구매할 수 있다) 모질이 가늘어 오래두면 상할 수 있으므로 시간을 짧게 하여 고데기를 사용 후, 스프레이로 고정한다.

23 밴딩 부분에 털을 핀으로 고정한 후 다시 한번 마무리 작업을 한다.

24

Finish

Maltese Style ②

말티즈 알머리 짧은 귀컷 + 4정 스포팅컷

말티즈 스타일의 가장 보편적인 1cm 스포팅 바디와 짧게 굴려준 귀 모양을 포인트로 주어 귀여운 이미지를 완성하였다. 귀 기장만으로도 이미지가 180° 달라지며 기본 알머리컷으로 깔끔히 관리할 수 있기 때문에 많은 보호자들이 선호하는 스타일이다.

Let's start maltese grooming!

Before

After

이 컷의 Point *

푸들이나 비숑의 모질은 콤으로 뒤집어서 커트하지만 말티즈의 모질은 가늘고 쳐지는 털이므로 아래에서부터 위로 차곡차곡 살짝 띄우고, 코밍과 커트로 2~3번 다듬어 떨어지는 털을 확인하며 커트해야 다리 두께가 가늘어지지 않는다.

Body Cut Start !

1
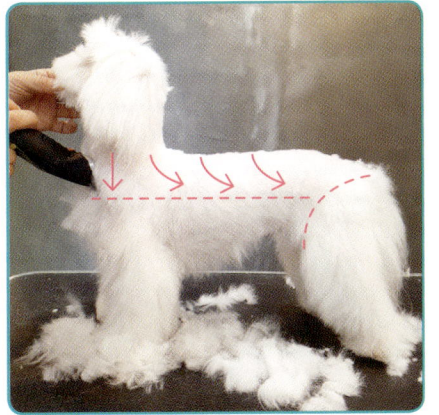
7mm 정방향으로 스포팅 라인을 클리핑한다.

2

바디 아래쪽은 역방향으로 밀어도 무방하다.

3

바디와 전지의 나눠지는 부분까지 역방향으로 클리핑한다.

4

발톱이 보이지 않도록 통통하게 풋라인을 정리한다.

** Tip
이 때, 바른 자세로 서 있어야 모든 발의 풋라인이 고르고 둥글게 나온다.

5
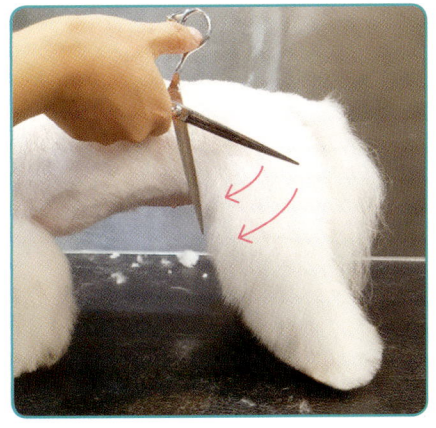
클리핑한 바디와 다리가 자연스럽게 보이도록 연결한다.

6

턱업에서 풋라인까지 완만한 곡선 형태로 정리한다.

7

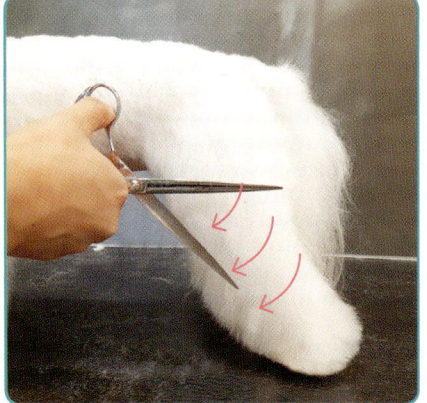

측면의 털을 정리한다.

8

미근부는 30° 각도를 주어 나누어준다.

9

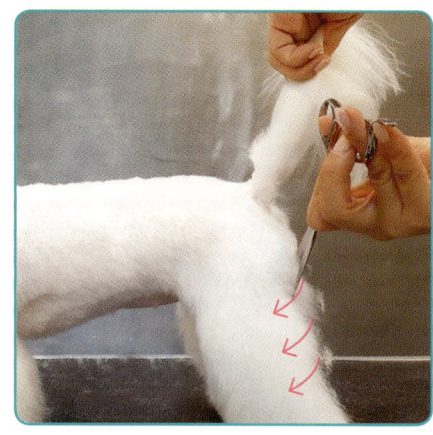

앵글레이션은 푸들이나 비숑처럼 깊게 표현하지 않고 부드럽게 표현하며 연결해 준다.

10

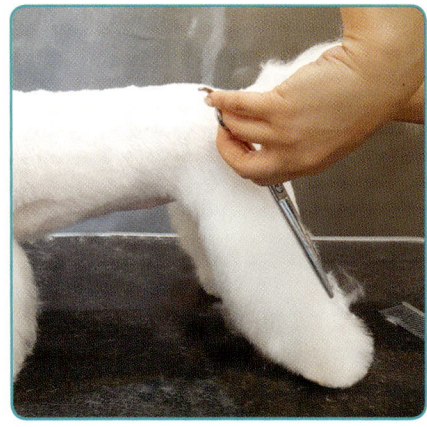

11

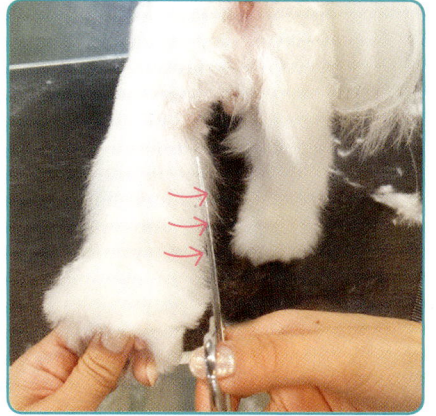

후지의 내측 털은 발을 살짝 들어 굴려주면 깨끗한 라인을 표현할 수 있다.

12

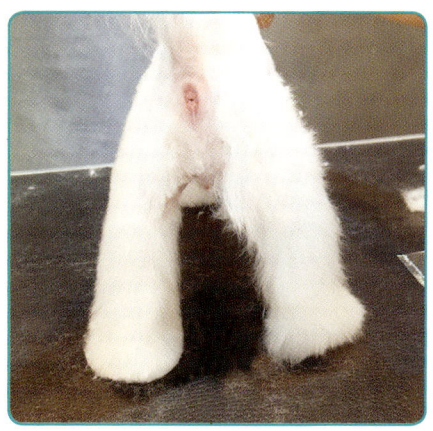

완성된 왼쪽 후지 모습

13

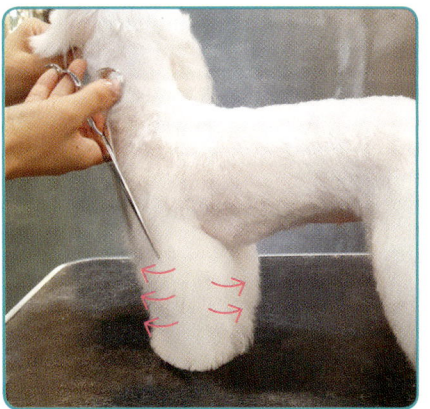

후지와 두께를 고려하여 전지도 원기둥 형태로 커트한다.

14

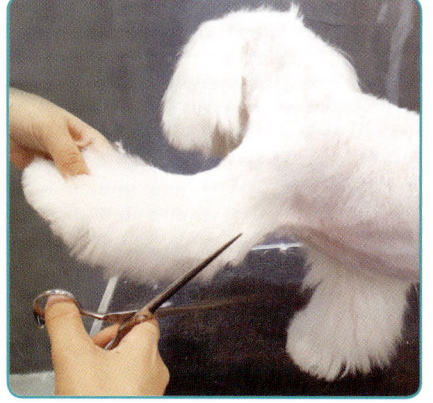

엘보 왼쪽은 다리를 들어 떨어지는 털을 짧게 커트한다.

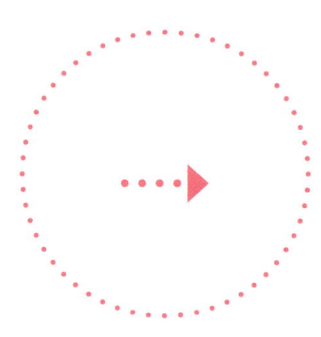

15

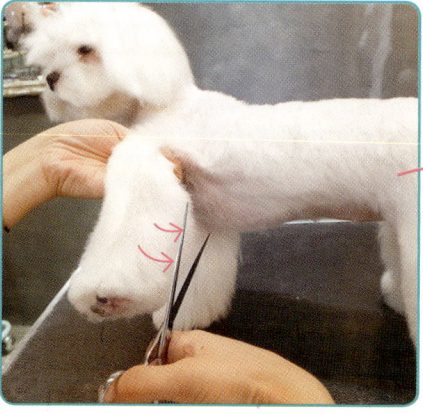

Tip
겨드랑이 안쪽으로 손을 넣어 가볍게 잡아 가위가 닿지 않는 곳을 굴려주면 깨끗한 라인이 완성된다.

16

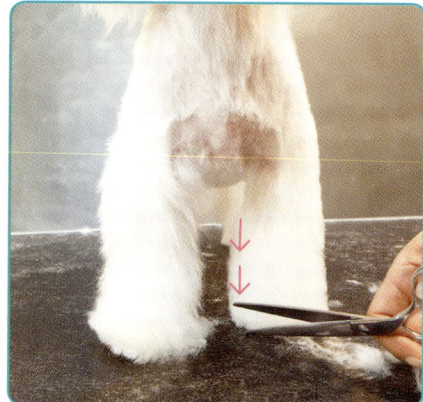

내측의 털도 커트 후 풋라인과 연결해준다.

Face Cut Start !

17

눈이 잘 보이도록 일직선으로 미간을 커트한다.

18

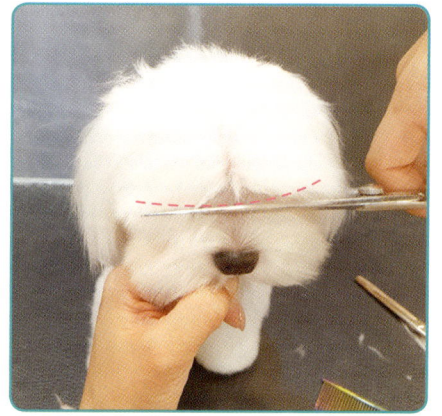

눈 앞으로 쏟아지는 털을 위에서 내려보며 정리한다.

19

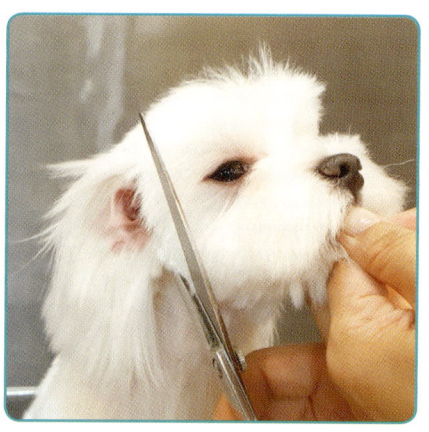

귀 앞 가리는 털을 정리하여 귀와 머리를 나눠준다.

20

크라운 부분은 완만한 곡선 형태로 라운딩한다.

21

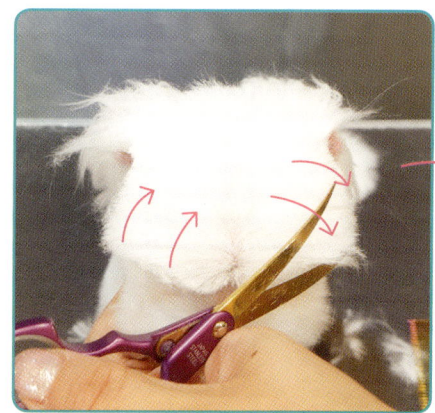

Tip
가르마있는 정수리의 털이 누워있는 방향에 따라 가위 방향도 같이 해야 층 지지 않고 둥근 머리형태를 완성할수 있다.

`continue`

22
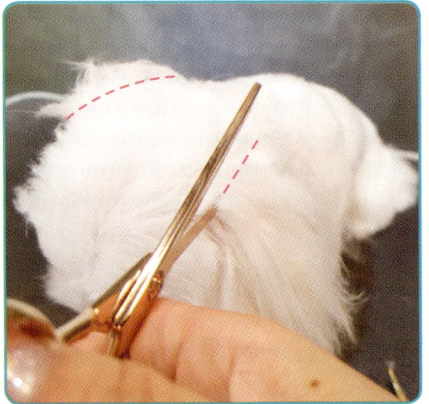
귓바퀴에서부터 머리와 귀선을 명확히 분리해준다.

23
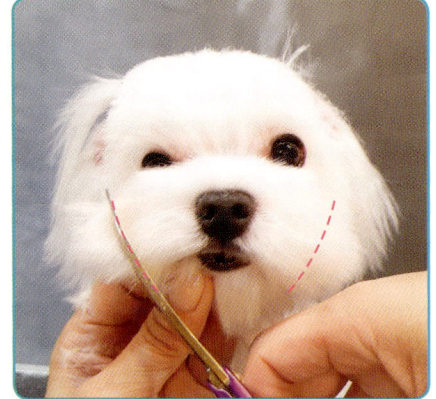
머리부분과 선을 연결하며 머즐 폭을 커트한다.

24

입 끝에서 귀 뿌리까지 얼굴선을 숱가위로 자연스럽게 정리한다.

25
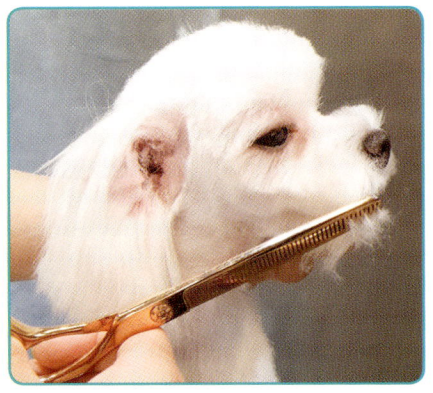

26
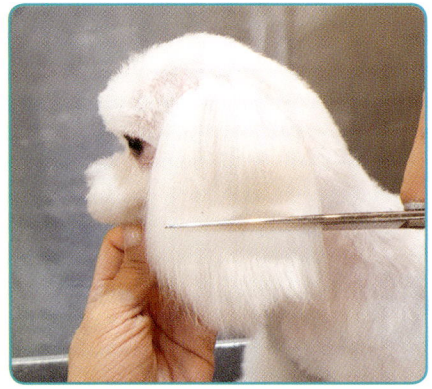
짧고 둥근 귀 형태를 위해 과감히 일직선으로 커트한다.

27
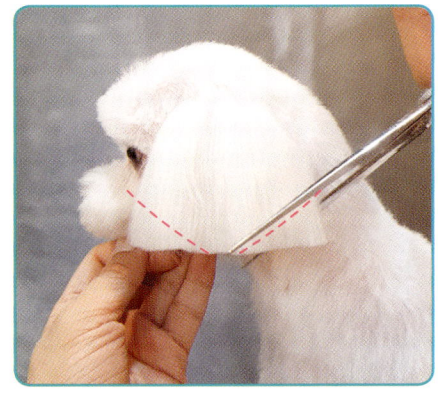
양쪽 모서리를 굴려 반원 형태로 만든다.

28

완성된 귀 형태

29

턱부분의 털은 짧게 정리 후, 전체적으로 마무리 시저링을 해준다.

30

`Finish`

MALTESE STYLE COLLECTION

알머리 짧은 귀컷 + 4정 스포팅

Maltese Style ③

말티즈 귀민 알머리컷 + 라인컷 (4F 역방향)

말티즈나 요크셔테리어에게 잘 어울리도록 코카스패니얼의 미용라인을
적용한 바디 컷트이다. 흉골에서 좌골까지 일직선으로 라인을 나눈 후
백(Back) 부분을 4F 역방향으로 짧게 밀고 아랫부분만 가위로 둥글게 정리한
간단하고 관리도 용이한 스타일이다. 귀는 깨끗이 클리핑 후
알머리컷으로 커트하여 귀여움과 사랑스러움을 돋보이게 하였다.

15

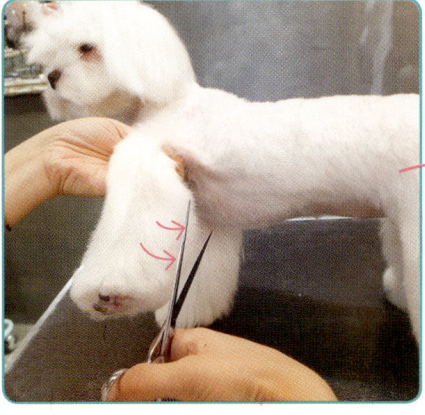

** Tip
겨드랑이 안쪽으로 손을 넣어 가볍게 잡아 가위가 닿지 않는 곳을 굴려주면 깨끗한 라인이 완성된다.

16

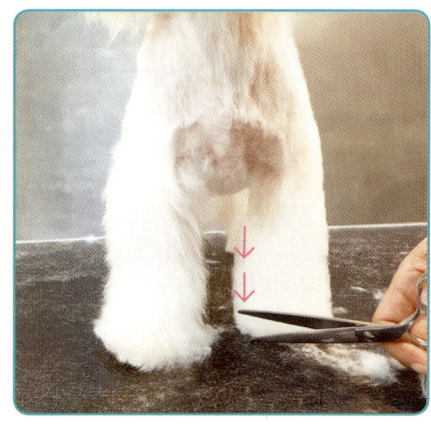

내측의 털도 커트 후 풋라인과 연결해준다.

Face Cut Start ! ·············○

17

눈이 잘 보이도록 일직선으로 미간을 커트한다.

18

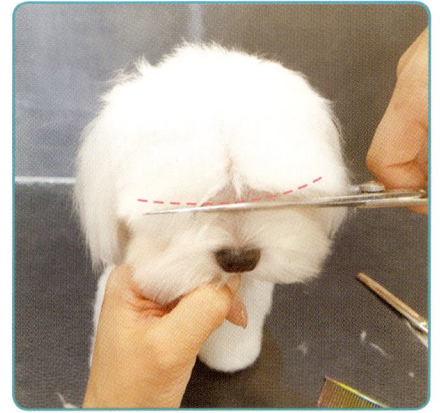

눈 앞으로 쏟아지는 털을 위에서 내려보며 정리한다.

19

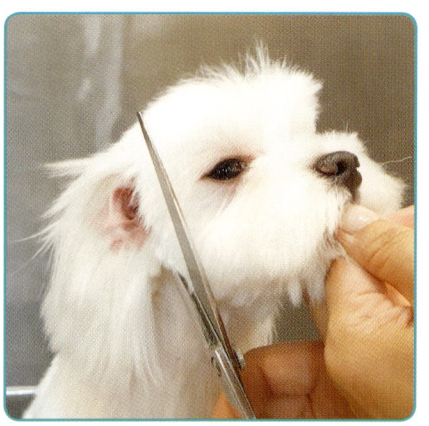

귀 앞 가리는 털을 정리하여 귀와 머리를 나눠준다.

20

크라운 부분은 완만한 곡선 형태로 라운딩한다.

21

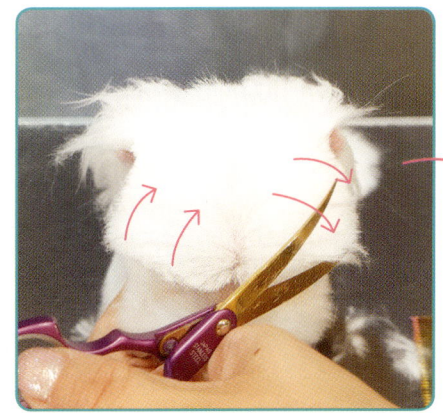

** Tip
가르마있는 정수리의 털이 누워있는 방향에 따라 가위 방향도 같이 해야 층 지지 않고 둥근 머리형태를 완성할수 있다.

알머리 짧은 귀컷 + 4정 스포팅

continue

22
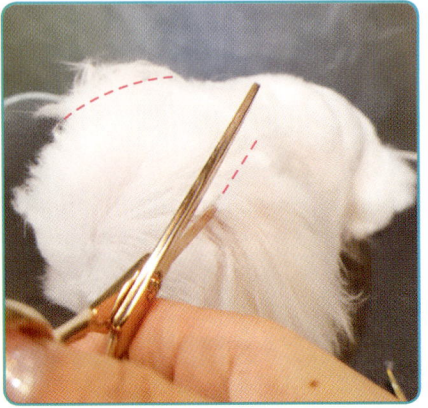
귓바퀴에서부터 머리와 귀선을 명확히 분리해준다.

23
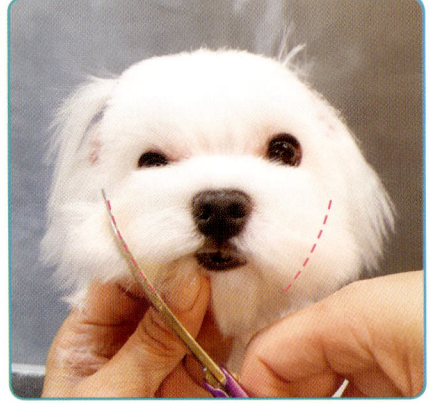
머리부분과 선을 연결하며 머즐 폭을 커트한다.

24

입 끝에서 귀 뿌리까지 얼굴선을 숱가위로 자연스럽게 정리한다.

25

26
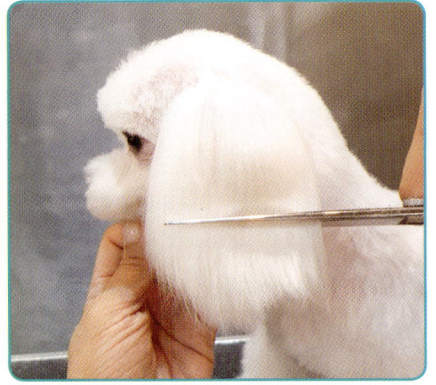
짧고 둥근 귀 형태를 위해 과감히 일직선으로 커트한다.

27
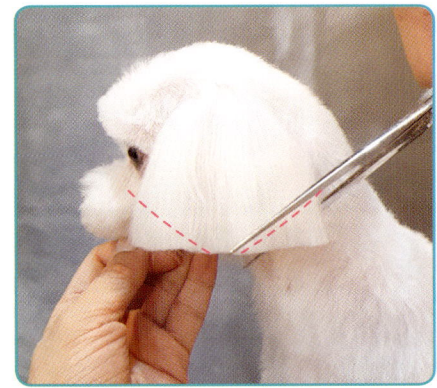
양쪽 모서리를 굴려 반원 형태로 만든다.

28

완성된 귀 형태

29

턱부분의 털은 짧게 정리 후, 전체적으로 마무리 시저링을 해준다.

30

Finish

Let's start maltese grooming!

Body Cut Start !

Before

After

이 컷의 Point *

흉골에서 좌골까지 날 끝을 이용해 선명한 라인을 만들고, 위에서 내려보며 좌우 대칭을 고려하여 클리핑한다.

1

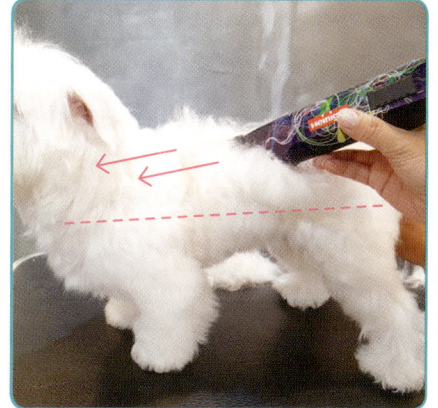

미근부 1cm부터 흉골에서 좌골까지 7mm 역방향으로 클리핑한다.

2

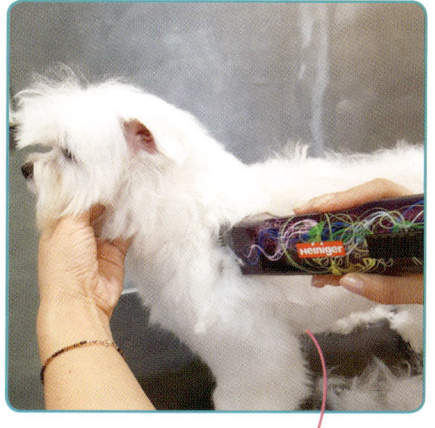

** Tip
날 끝으로 라인을 클리핑하면 깨끗한 선이 표현된다.

3

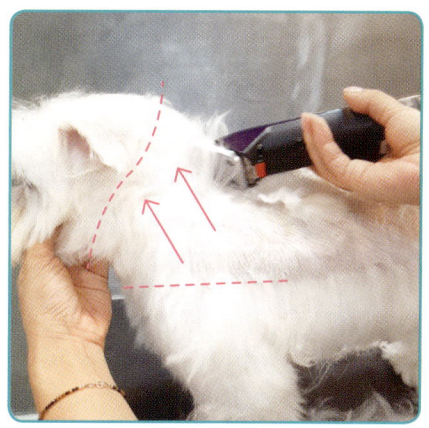

옷시팟 아래 2~3cm 부터 얼굴과 목의 경계 부분까지 클리핑한다.

4

** Tip
귀 아래부분은 고개를 살짝 돌려 클리핑하면 다치지 않고 깨끗하게 밀린다.

5

좌측면->앞면->우측면 순서로 라인을 잡아간다.

6

클리핑 라인 완성

| 7 | 8 | 9 |

 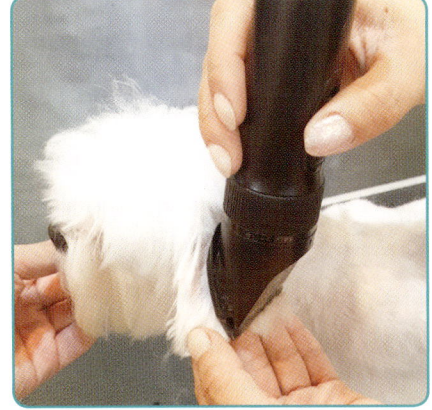 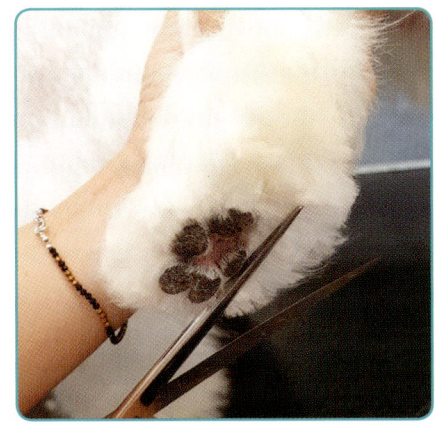

귀 안쪽부터 1mm 날을 사용해 정방향으로 클리핑한다.

Tip 이중귀는 다칠 수 있으므로 손바닥에 대고 나눠 클리핑한다.

바깥쪽도 정방향 클리핑.

패드 쪽으로 빗어내린 후, 발바닥을 가리는 털을 짧게 커트한다.

| 10 | 11 |

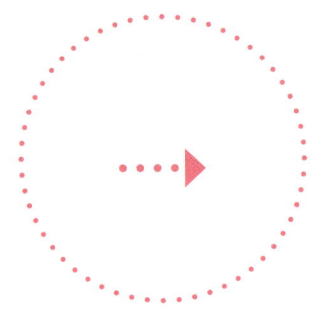 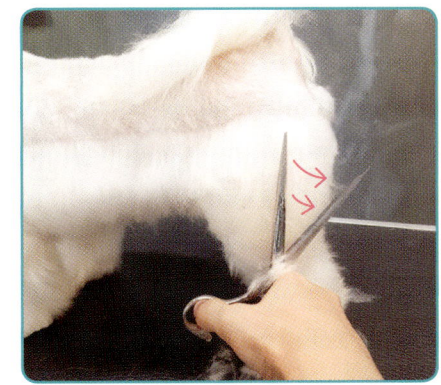

네발 모두 풋라인을 둥글게 설정한다.

후지는 엉덩이 부분부터 자연스럽게 연결해준다.

| 12 | 13 | 14 |

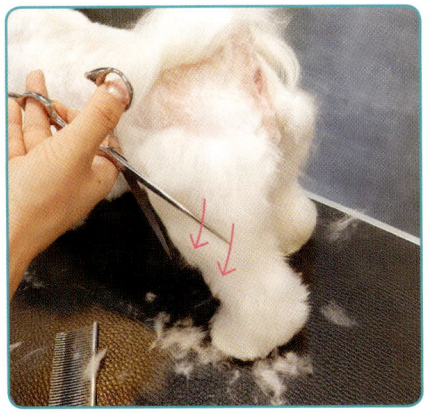 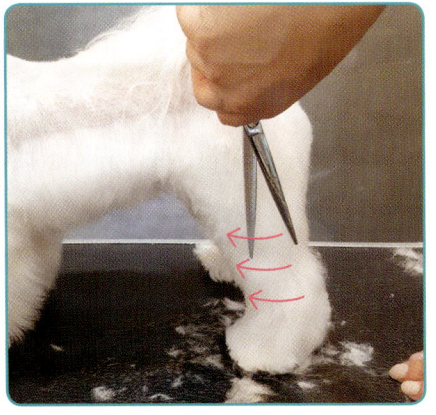 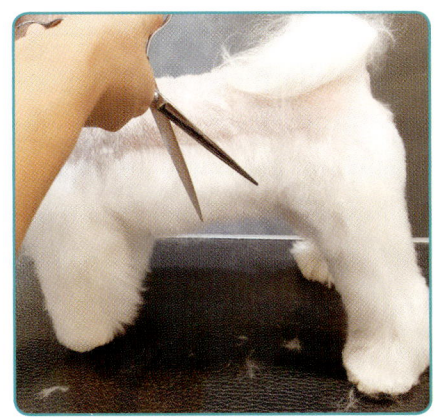

턱업에서 발끝으로 굴려주며 연결한다.

측면의 털도 뒤에서 볼 때 일직선으로 떨어지게 커트한다.

배 장식털을 짧게 굴려 언더라인을 설정한다.

15
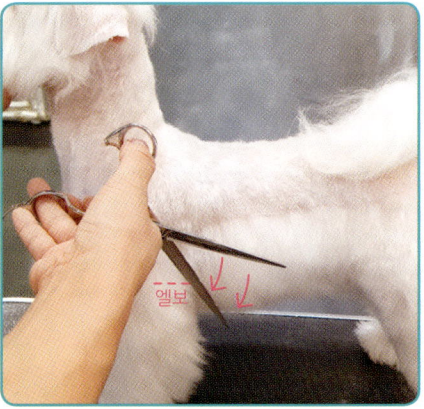
겨드랑이쪽은 엘보에서 깊게 굴려 그림자 지듯 커트한다.

16
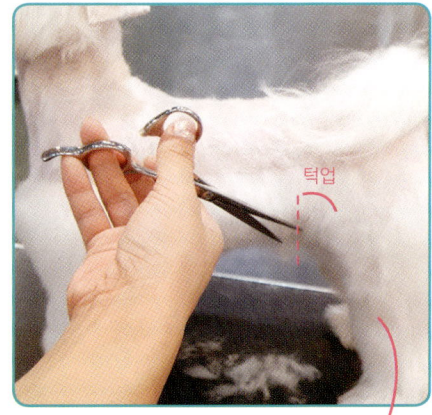
** Tip 턱업 앞 1cm정도 앞에서 굴려주며 바디와 후지의 경계를 당겨주면 체장이 짧아보이는 효과가 있다.

17
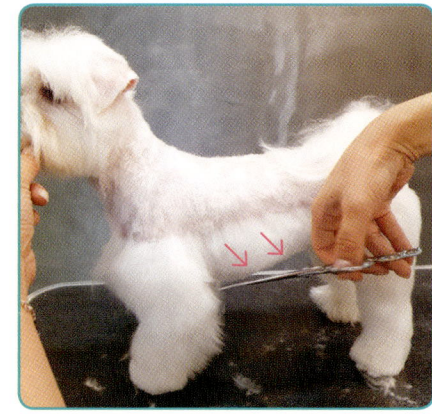
턱업에서 엘보까지 사선으로 언더라인을 굴려 짧게 정리한다.

18
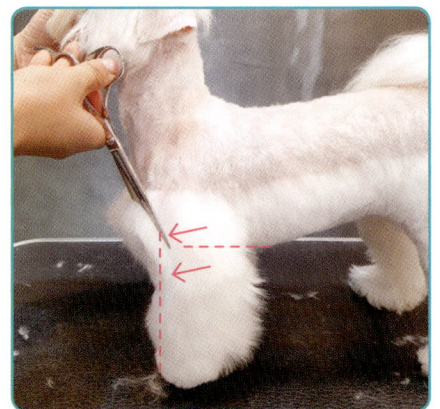
언더라인이 앞으로도 연결되도록 같은 선상에서 앞가슴과 전지를 나눠준다.

19
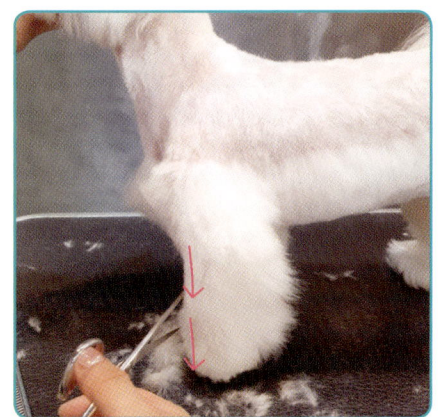
풋라인까지 일직선으로 아웃라인을 커트한다.

20
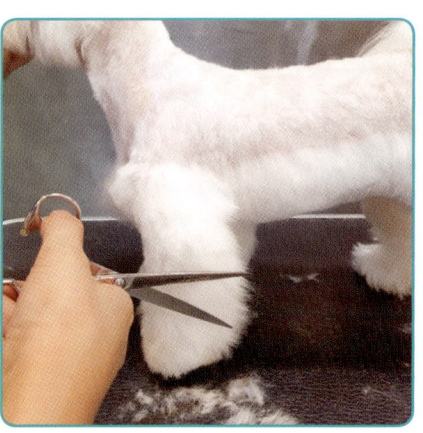
윗부분과 연결시키며 커트한다.

21
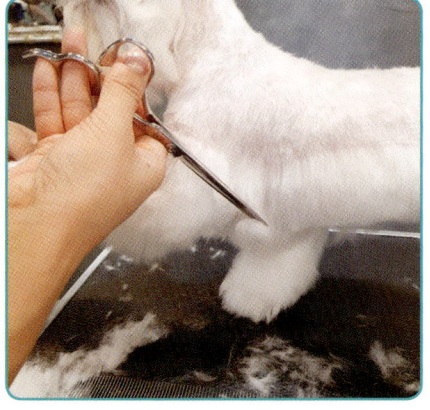
겨드랑이쪽은 다리를 가볍게 들어 깨끗이 정리해준다.

22
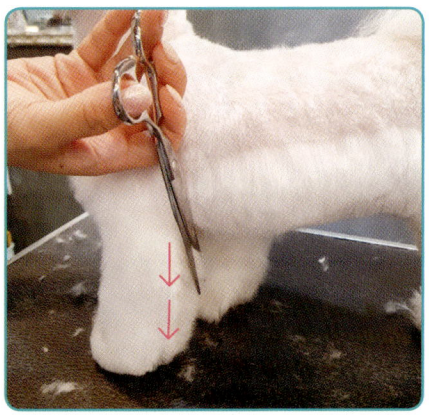
엘보에서 풋라인까지 일직선으로 커트하여 원통 형태로 커트한다.

23
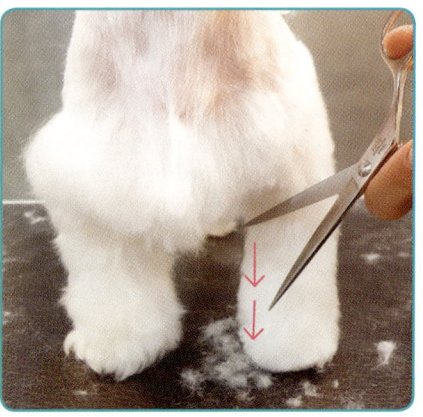
측면폭에 비례하여 내폭도 동일한 두께로 정리한다.

continue ·······○   *Face Cut Start!* ·······○

24
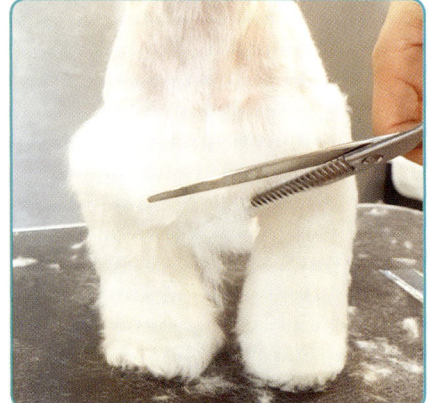
앞가슴 아래로 둥글게 굴리며 짧게 커트한다.

25
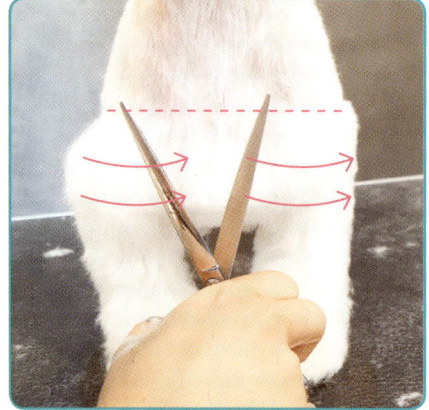
앞가슴도 연결한 후 반대쪽도 같은 방법으로 바디를 완성한다.

26
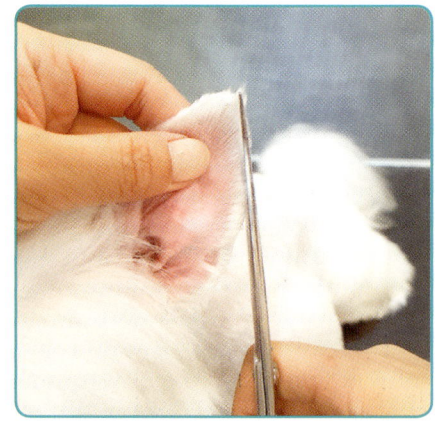
클리핑한 귀라인을 안쪽에서 깨끗이 정리한다.

27

코와 입주변의 털을 정리한다.

28

입 끝에 내려오는 털을 'ㅅ'형태로 커트한다.

29

털을 눈앞으로 빗어내려 짧게 커트한다.

30
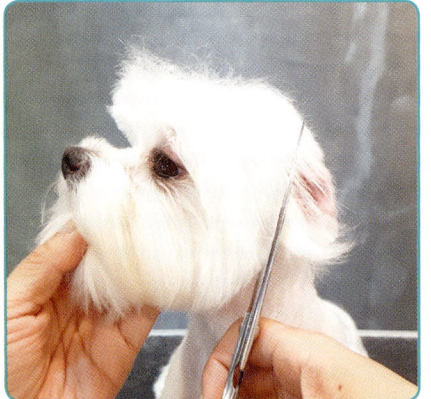
귀 앞을 정리해준다.

31
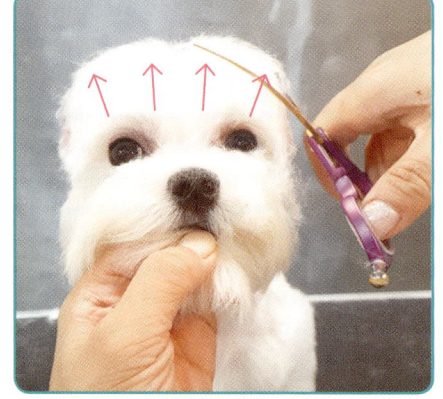
가르마지는 털이므로 누워있는 털 방향대로 진행하여 높이를 정한다.

32
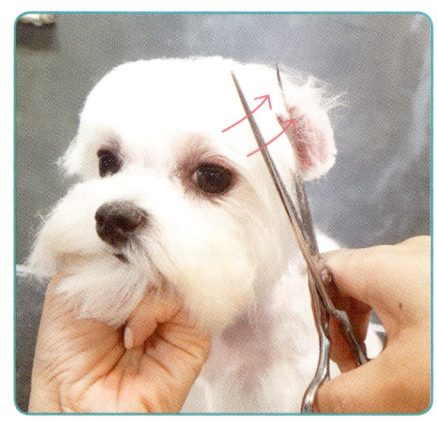
귀를 뒤집어 측면을 짧게 커트하여 반원 형태로 만든다.

33

위에서 내려보며 튀어나온 부분을 둥글게 다듬어 나간다.

34

35
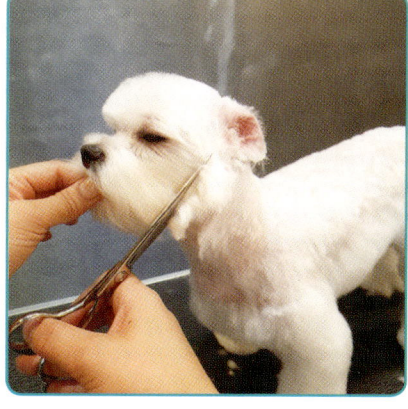
입끝에서 귀밑 지점까지 기초선을 잡아준다.

36
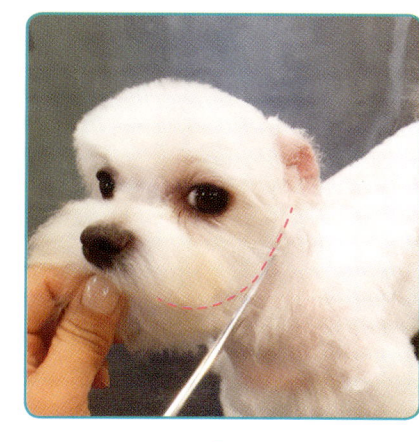

37
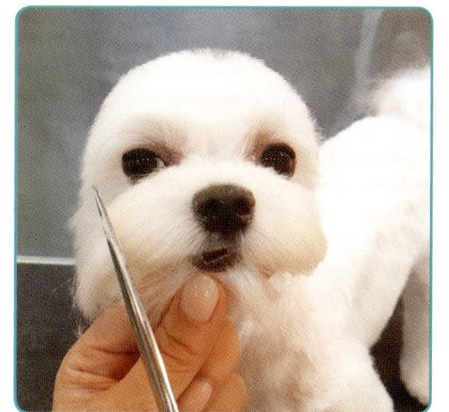
반대쪽도 같은 길이의 기초선을 설정한다.

38
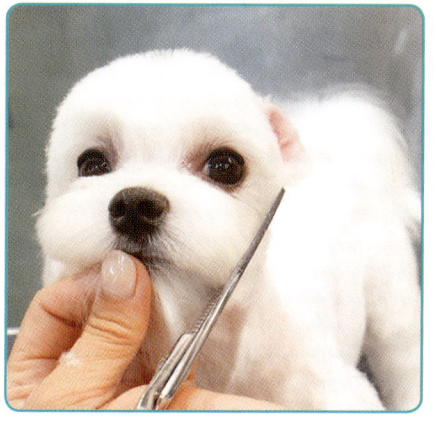
티닝가위로 연결하며 재차 다듬어 나간다.

39
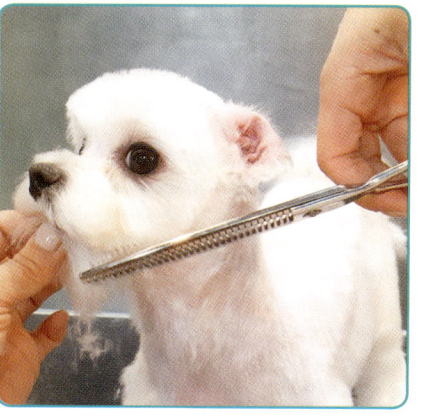

40

눈 앞으로 쏙 말아넣는 느낌으로 커트하면 입체감있는 머즐 형태를 만들 수 있다.

41

** Tip 턱 부분의 털은 얼굴컷의 가장 마지막 순서로 커트한다.

42

Finish

Maltese Style ④

말티즈 알머리 단발컷

말티즈 스타일에 있어 가장 무난하면서도 귀여운 알머리컷은 언제나 인기쟁이이다. 알머리컷은 특히 관리하기 편하여 견주들의 꾸준한 사랑을 받고있다. 입체감과 볼륨감, 자연스러움까지 담은 알머리컷의 과정을 자세히 살펴보자.

Let's start maltese grooming!

Before

After

이 컷의 Point *

눈 주변의 털을 짧게 커트하면 눈을 찌르는 털 없이 오랜 시간이 지나도 청결하게 관리할 수 있다. 산책을 자주 하는 경우, 발등도 깨끗히 클리핑해주면 좋다. 입 주변도 이물질이 묻지않게 짧게 커트한다.

Start !

1

콧등의 지저분한 털을 정리한다.

2

** Tip
입술 라인 정리 시, 혀가 나오면 다칠 수 있다. 손가락으로 머즐의 위와 아래를 살짝 눌러 혀가 나오지 않게 한다.

3

스톱에 수평으로 45° 기울여 미간 털을 일직선으로 커트한다.

4

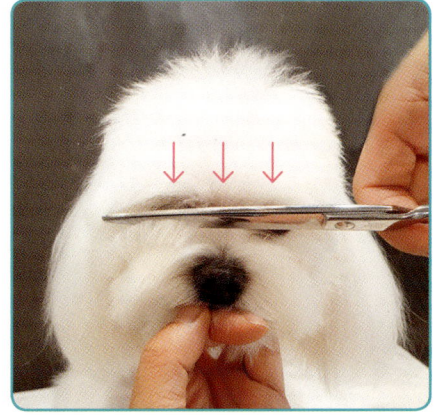

이마 부분의 털을 아래로 빗어내려 일직선으로 커트한다.

5

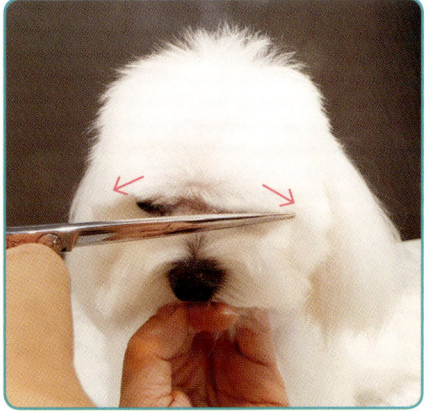

눈 끝을 사선으로 굴려 커트한다.

6

속눈썹은 최대한 짧게 커트하면 또렷한 눈매를 연출할 수 있다.

continue

7

정수리 부분의 높이를 너무 짧지 않게 기초선을 잡는다.

8

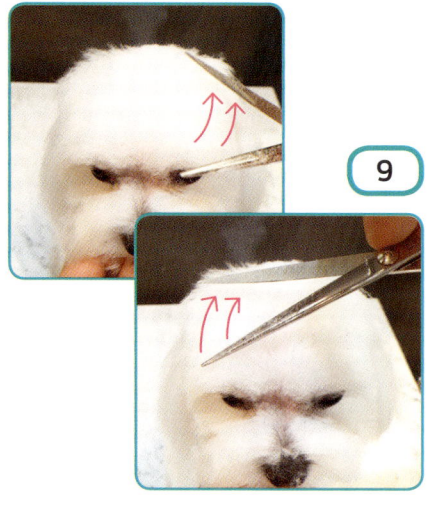

9

정수리 부분과 곡선으로 연결되도록 측면의 털을 정리한다.

10

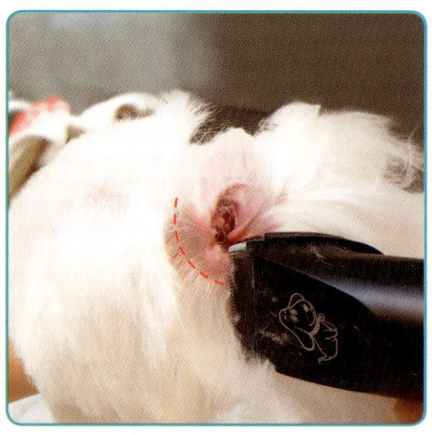

귀 앞은 표시된 부분까지 클리퍼로 밀어준다.

11

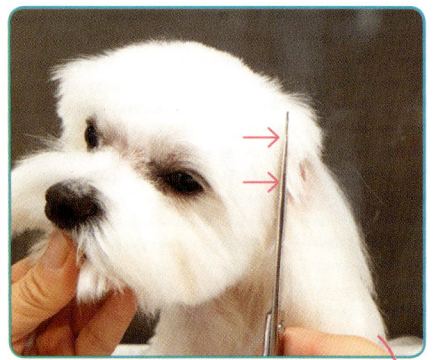

귀 앞을 콤으로 빗어 귀를 가리는 털을 커트한다.

** Tip
귀를 뒤집어 놓고 커트해야 귓털이 잘려나가지 않는다.

12

정점을 기준으로 좌우대칭을 맞추어 반원 모양으로 다듬어준다.

13

14

** Tip
귀 뒤쪽에서 앞으로 밀어 고정한 상태에서 튀어나온 털을 정리하면 귀가 올라가도 깨끗한 라인이 완성된다.

15

후두부와 바디가 짧고 자연스럽게 연결되도록 커트한다.

16

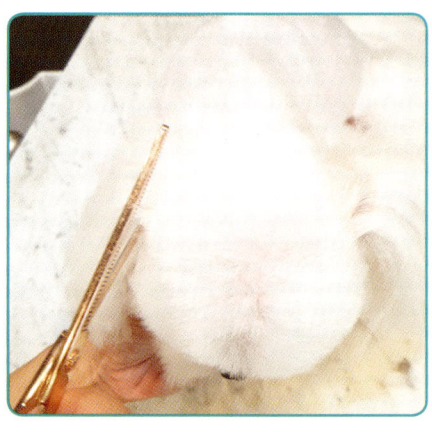

귓바퀴에 티닝가위를 45° 기울여 머리 털과 분리한다.

17

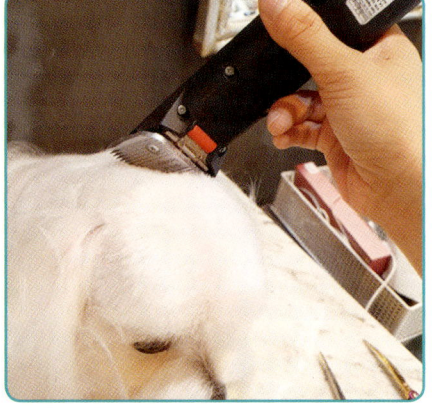

나머지 부분을 바디와 같은 길이로 클리핑하며 정리한다.

18

머즐의 폭을 설정한다.

** Tip 예상 라인보다 조금 여유있게 설정한 후 재차 굴려주며 줄여야 예쁜 머즐이 된다.

19

입 앞으로 내려오는 털은 위를 향해 둥글게 커트한다.

** Tip 너무 짧게 굴려주면 입체감이 줄기 때문에 위에서 내려보며 둥근 모양인지 확인하며 커트한다.

20

아랫 입술의 송곳니 옆 변색된 침샘 털을 짧게 잘라낸다.

21

입 끝에서 귀 뿌리까지 측면 라인을 커트한다.

22

23

티닝가위로 자연스럽게 연결하며 나누어준다.

24

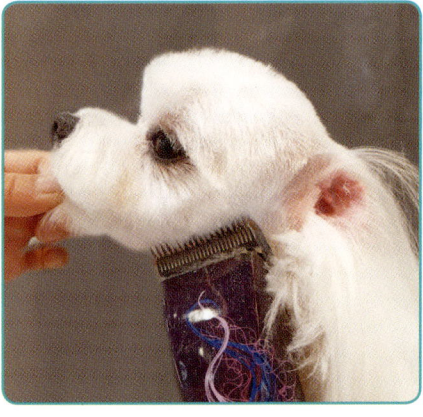

라인 아래로 지저분한 털은 클리핑한다.

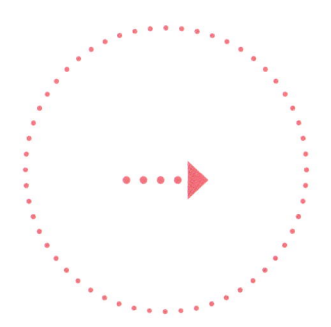

continue

25

머즐 위쪽 털은 손 끝으로 들어올려 정리하면 깨끗한 라인을 만들 수 있다.

26

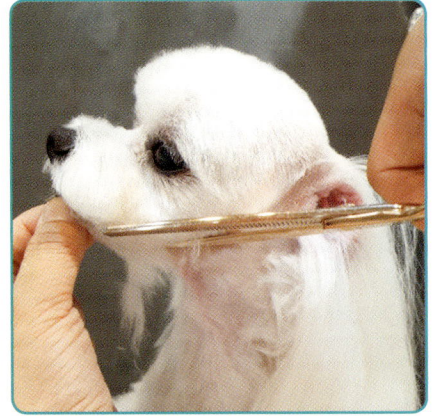

턱 아래 부분도 짧게 커트한다.

27

** Tip 눈 옆의 털은 뒤에서 보면서 커트하면 깜빡거림이 덜해 더욱 깔끔한 라인을 완성할 수 있다.

28

측면 완성

반대편도 같은 방법으로 커트한다.

29

30

31

32

정면에서 보며 턱선과 머즐을 연결해준다.

33

티닝가위로 자연스럽게 연결하여 마무리 해준다.

34

귀 끝은 일직선으로 살짝만 다듬어준다.

35

다시 한번 전체적으로 튀어나온 털을 정리한다.

36

마무리

37

완성- 귀 끝은 쉐도우로 살짝 컬러를 입힌 뒤, 굵은 웨이브 컬을 주어 완성했다.

38

Finish

Maltese Style ⑤

말티즈 베이비컷
+ 전체가위컷

말티즈 특유의 귀여움을 강조한 베이비컷과 기존 알머리컷의
큰 차이점은 머리와 귀를 나누지 않고 큰 원 형태로 연결해준다는 점이다.
짧은 귀 털과 얼굴 털이 자연스럽게 이어진 모습이 강아지 때를
떠올리게 하여 커트 이름의 유래가 되었다.

Let's start maltese grooming!

Before

After

이 컷의 Point *

푸들에 비해 모질이 얇고 힘이 없어 섬세한 가위질이 요구되므로 모량이 적당히 있어야 하고 심한 직모의 털은 둥글게 표현이 되지 않기 때문에 추천하지 않는다. 바디는 전체적으로 둥글게 가위컷을 하여 통통 튀는 귀여운 이미지를 연출했다.

Body Cut Start !

1

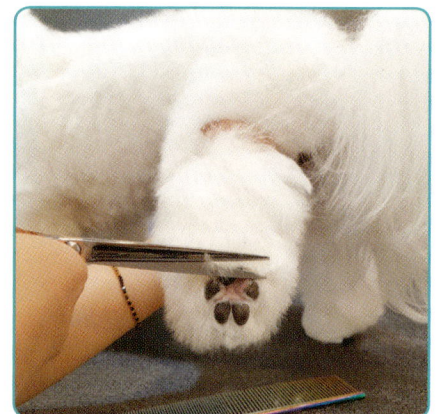

패드를 가리는 털을 깨끗이 정리한다.

2

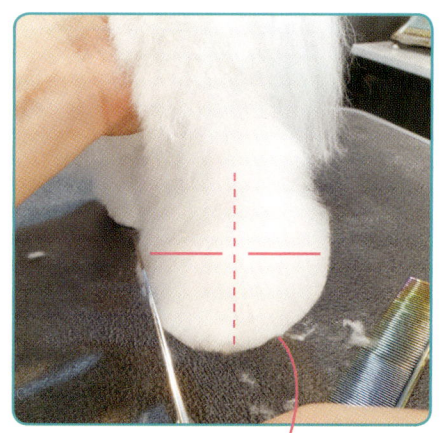

** Tip 가운데 발톱 2개를 기준으로 양쪽 폭을 동일하게 설정하여 발선을 둥글게 정리한다.

3

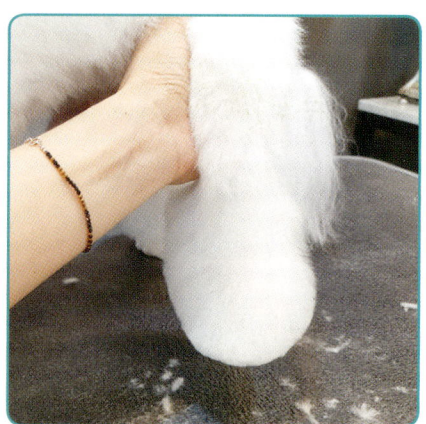

풋라인 완성모습

4

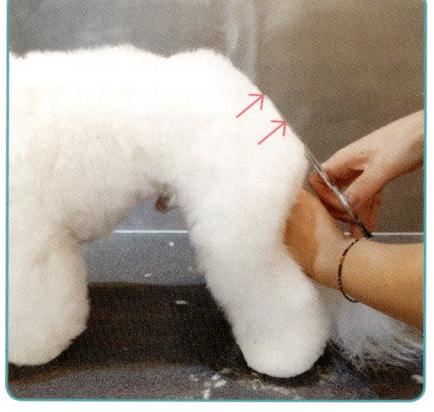

미근부부터 가위로 경사를 주어 짧게 커트한다.

5

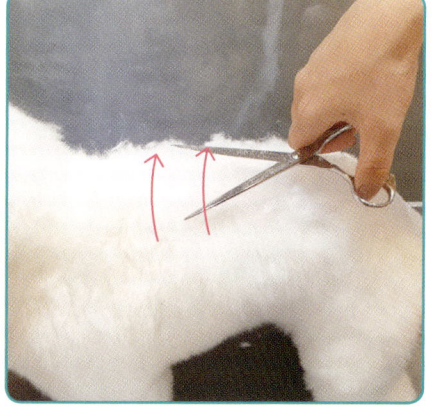

기갑부까지 수평이 되도록 등선을 잡는다.

6

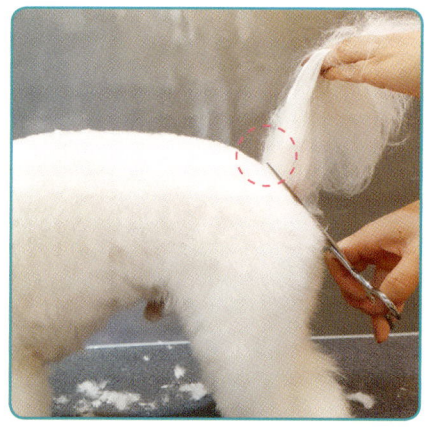

커트한 바디와 다리가 자연스럽게 보이도록 연결한다.

continue

7

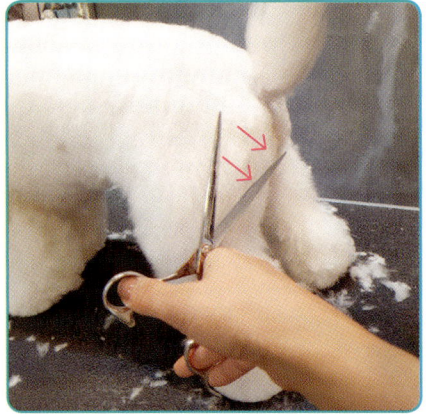

좌골부터 그림과 같이 시저링하여 짧게 굴려준다.

8

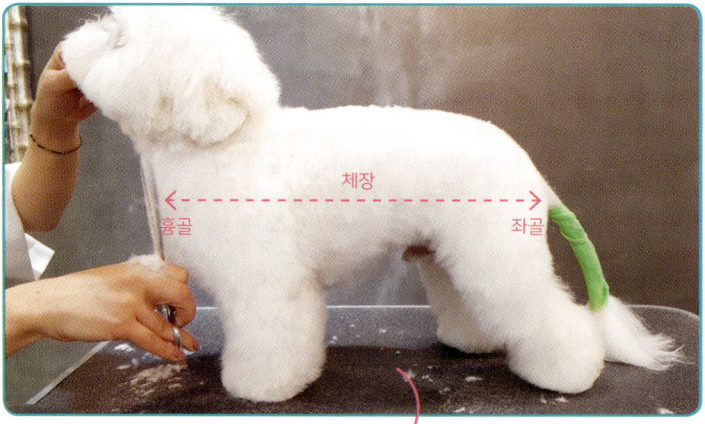

** Tip 앞가슴을 일직선으로 커트하여 체장의 길이에 따라 짧게 만들어준다. (전체적인 밸런스를 맞추기 위한 순서)

9

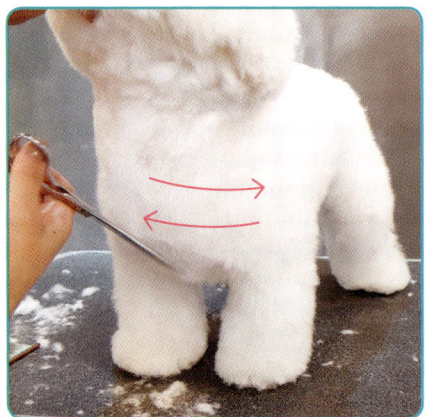

앞가슴의 털을 정리한다.

10

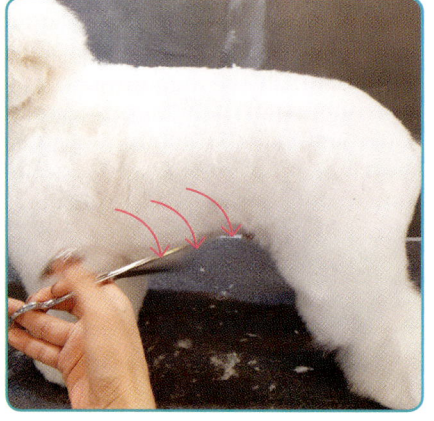

엘보부터 턱업 앞 1cm까지 곡선 형태의 언더라인을 설정한다.

11

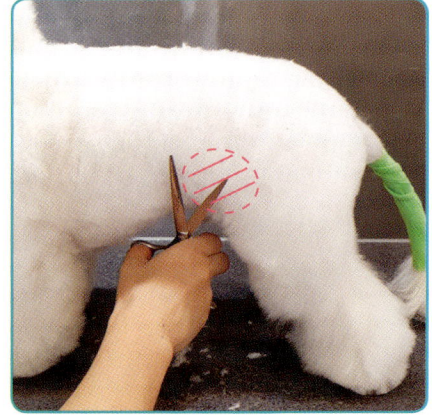

언더라인과 턱업을 깊게 굴려 표현해준다.

12

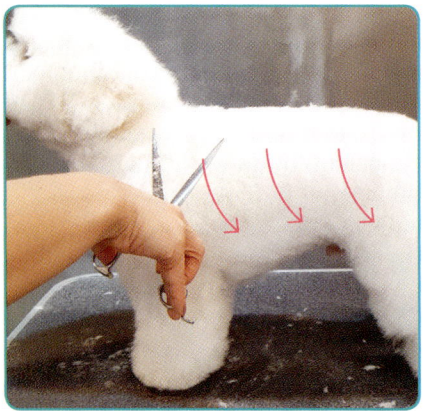

바디부분의 튀어나온 털을 재차 다듬어 굴려주며 면처리한다.

13

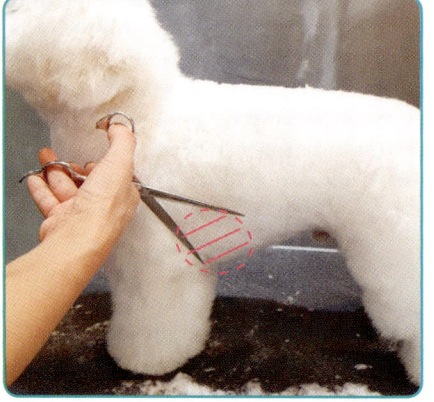

전지와 바디를 나눠주기 위해 표시된 부분을 깊게 굴려 입체감을 표현한다.

14

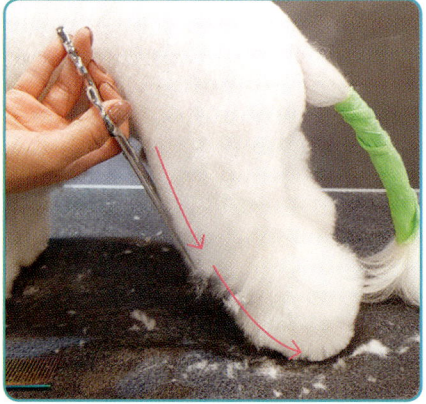

턱업에서 풋라인까지 완만한 곡선이 되도록 연결한다.

15
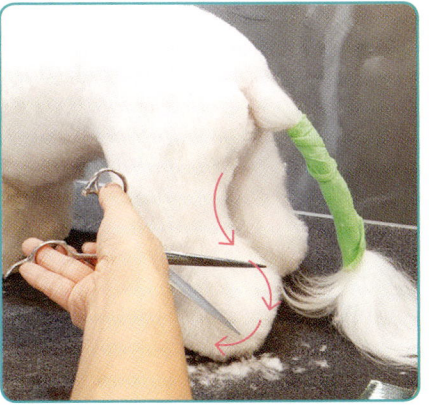
앵글레이션을 표현하여 후지의 라인을 완성한다.

16
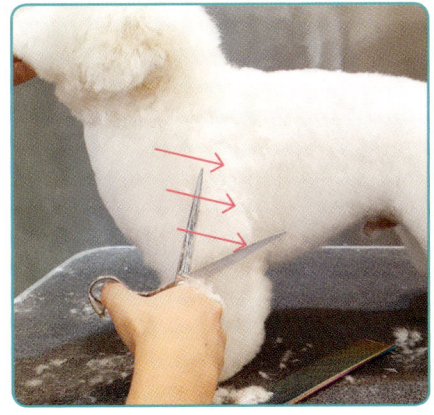
어깨부분의 털을 바디 길이에 맞춰 다듬는다.

17
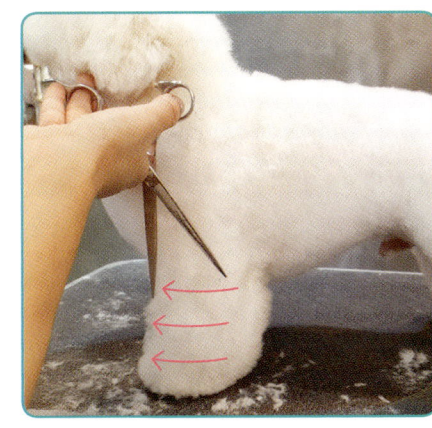
원통형 다리가 되도록 측면의 털을 바디와 연결한다.

18
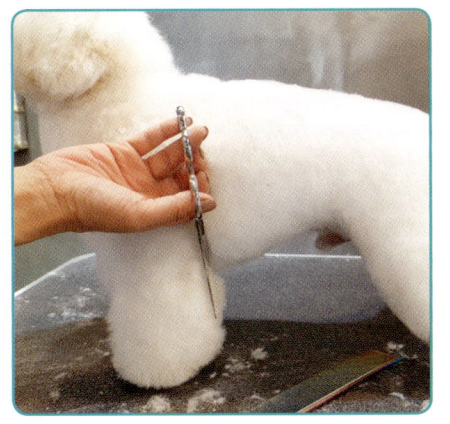
엘보 위쪽은 엘보 아래로 짧게 일직선으로 정리 후, 사선으로 굴려준다.

19
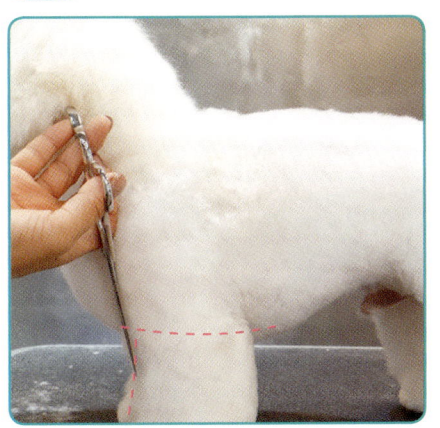
언더라인과 연결되도록 앞가슴과 전지의 라인을 설정한다.

20
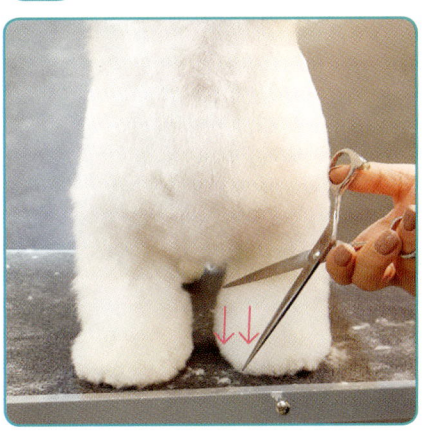
내측의 털도 일직선으로 정리하여 동일한 두께가 되도록 맞춘다.

21
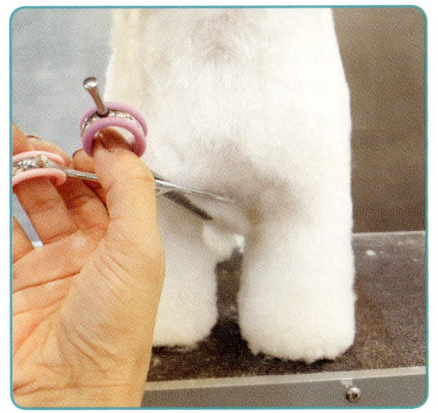
가슴 아래 털은 짧게 정리한다.

22
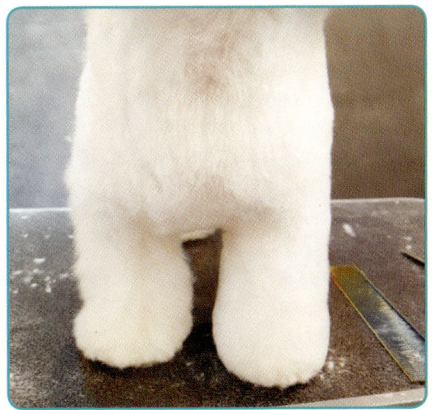
(완성된 오른쪽 전지 모습)
반대편도 동일한 방법으로 커트한다.

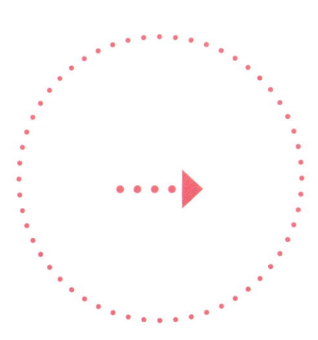

continue

Before

After

Face Cut Start !

23

콧등과 입술의 털을 짧게 커트하여 깨끗하게 정리한다.

24

'ㅅ' 형태로 입라인을 크게 나눠준다.

25

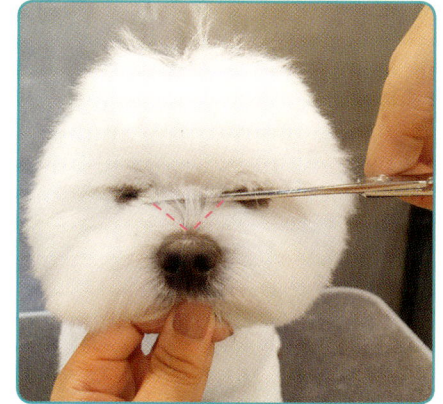

표시된 부분의 털만 빗어올려 일직선으로 눈앞을 정리한다.

26

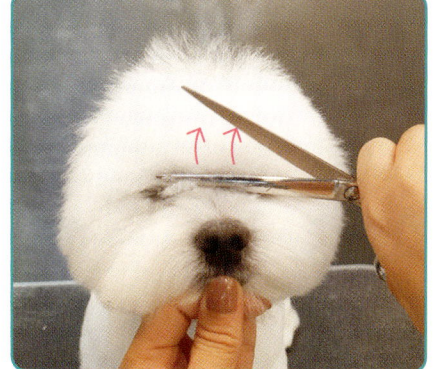

눈 앞으로 내려오는 털을 위로 굴려 정리한다.

27

눈꼬리는 둥글게 굴려 깊은 눈매의 입체감을 표현한다.

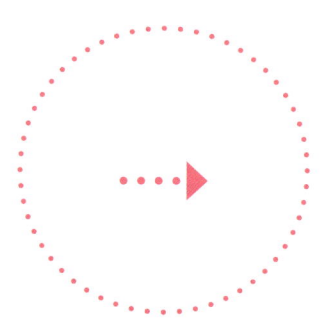

28

Tip 베이비컷은 털 속에 귀를 최대한 숨겨 스톱을 중심으로 큰 원을 만들어야 하므로 귀를 앞으로 밀어 인상을 주었을 때와 안 주었을때의 모습을 수시로 확인하며 요술가위로 조금씩 다듬어야 실패 확률이 적다.

29

30

귀 부분은 짧게 커트한 후 귀 뒤쪽과 자연스럽게 연결한다.

31

입끝에서 귀 설정 라인까지 큰 반원으로 연결한다.

32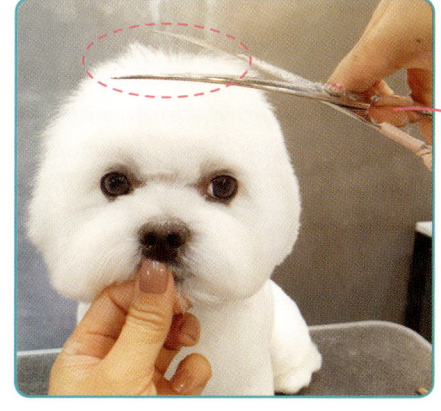

Tip 말티즈의 모질 특성상 정수리 부분은 대부분 가르마가 져 있기 때문에 억지로 털을 끌어올려 컷트하면 짧아질 수 있으니 가볍게 코밍 후 떨어지는 털을 본 후에 커트한다.

33

반대편도 같은 방법으로 커트한다.

continue

34

좌우폭이 일정하게 커트한다.

35

36

측면에서 보며 동일한 크기의 원을 만들어 사선으로 납작해지지 않도록 주의한다.

37

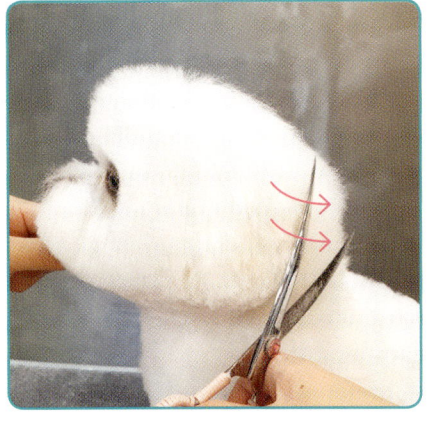

목부분과 자연스럽게 연결하며 후두부도 둥글게 다듬는다.

38

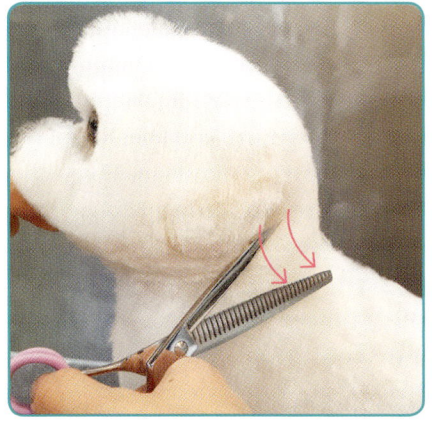

목과 연결하는 과정

39

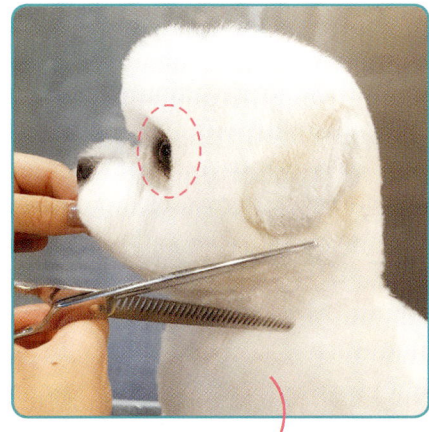

** Tip 측면에서 볼 때 눈을 가리는 털 없이 굴려주어야 깨끗한 베이비컷 라인을 완성할 수 있다.

40	41	42
	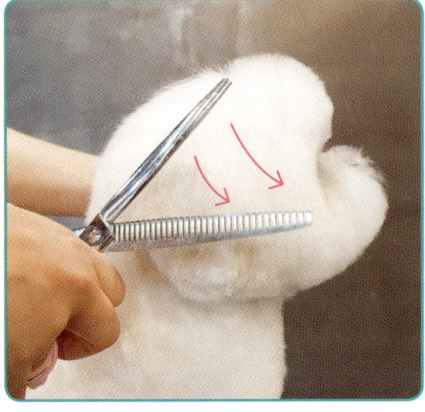	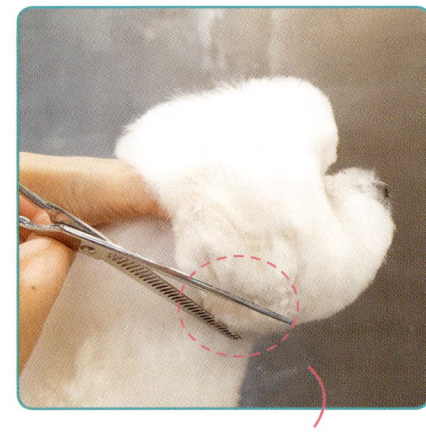
귀는 짧게 정리하되 얼굴라인을 자연스럽게 맞춰 연결한다.	머리 부분과 선을 연결하며 머즐 폭을 커트한다.	** *Tip* 뒤에서 귀 뿌리를 밀어 귀 아래 튀어나온 털을 한번 더 정리하면 귀가 올라가도 라인이 깔끔해보인다.

43	44	45

턱 부분의 털은 너무 짧지 않게 연결하여 다듬는다.	위에서 내려보면서 원 형태로 재차 다듬어준다.	*Finish*

Maltese Style ⑥

말티즈 판타롱컷

말티즈의 판타롱 바디 표현은 관리도 쉬우면서 풀 코트 느낌을
연출하기에 제격인 스타일이다. 옷을 많이 입히는 요즘 추세에 맞추어
개성 있게 연출했다. 이 커트를 할 때의 주의할 점은 풋 라인에서
모든 게 완성되기 때문에 예쁘게 풋 라인을 잡아야 한다는 점이다.

Let's start maltese grooming!

Before

After

이 컷의 Point *

판타롱 바디컷은 풋 라인을 커트할 때 한번에 잡으면 붕 떠 짧아질 수 있으므로 1차, 2차에 나누어 커트하는 방법에 중점을 두고 진행해야한다.

Body Cut Start !

1

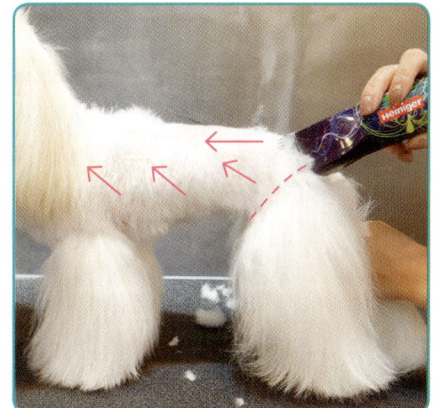

턱업부터 미근부까지 사선으로 5번 역방향 클리핑을 해준다.

2

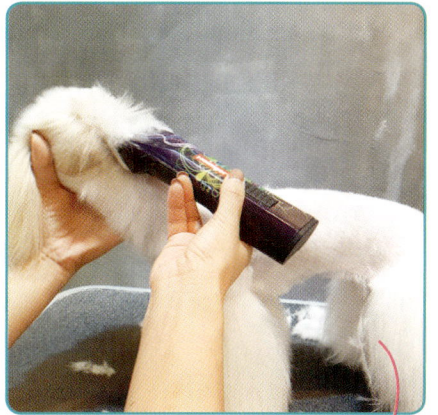

** Tip 판타롱 라인을 잡을 경우, 정방향보다 역방향으로 클리핑해야 깨끗하고 명확한 선을 표현할 수 있다.

3

엘보 위 1~2cm 높이에서 일직선으로 전지 라인을 잡는다.

** Tip 날 끝으로 선을 표현하면 깔끔한 라인이 완성된다.

4

배 부분과 겨드랑이까지 클리핑한다.

5

6

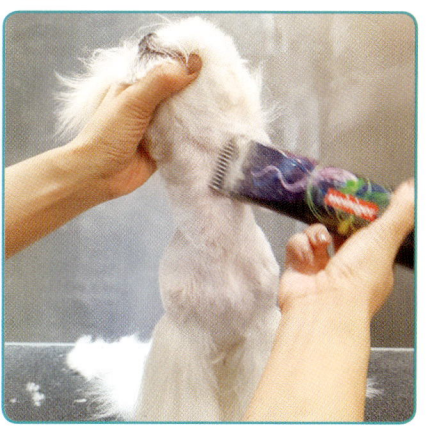

continue

7

클리핑 완성

8

 Tip 위의 긴 털이 잘리지 않도록 호크에서 털을 나누어 두번에 걸쳐 풋라인을 잡아야 짧아지는 털 없이 깔끔이 완성된다.

9

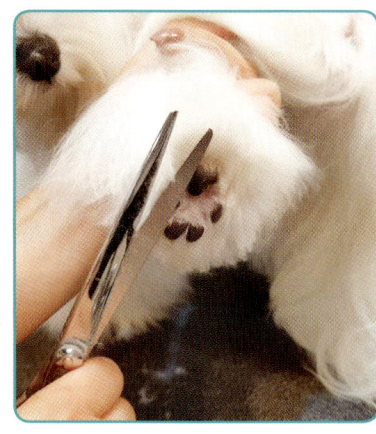

패드를 가리는 털을 커트한다.

10

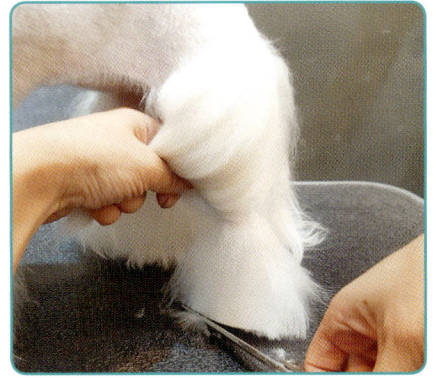

1차 풋라인을 지면에 닿지 않게 굴려 완성한다.

11

12

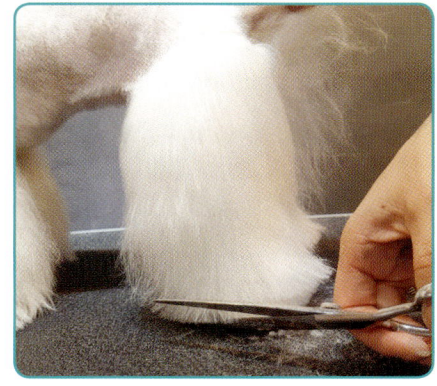

2차 나눈 털을 가지런히 빗어 내린 후 튀어나온 긴 털만 굴려 풋라인을 완성한다.

13

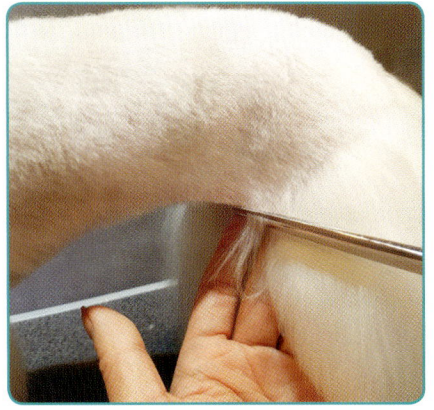

턱업 라인은 경계를 깔끔히 하여 후지 라인을 완성한다.

14

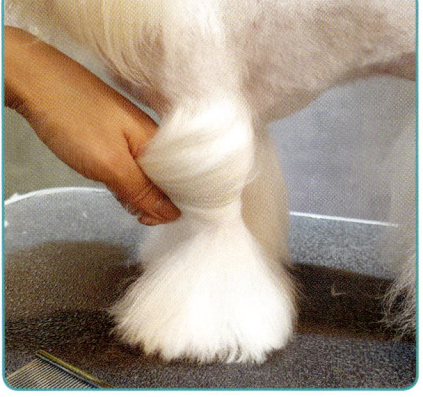

전지도 후지와 같이 반으로 나눈 후 1차 발선을 잡는다.

15

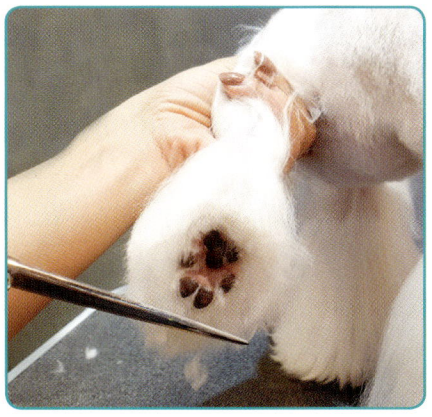

16	17	18
	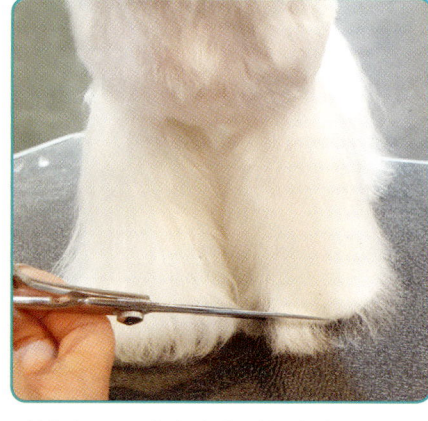	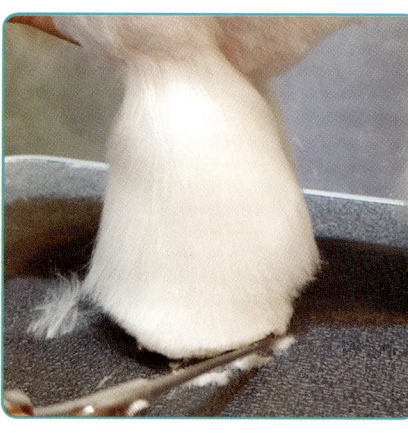
	전체적으로 빗어내려 2차 라인을 완성한다.	

19

귀 털도 판타롱 길이에 맞추어 길게 알머리컷으로 완성하였다.

Finish

< 완성도를 높이는 미용의 기본, 베이싱 >

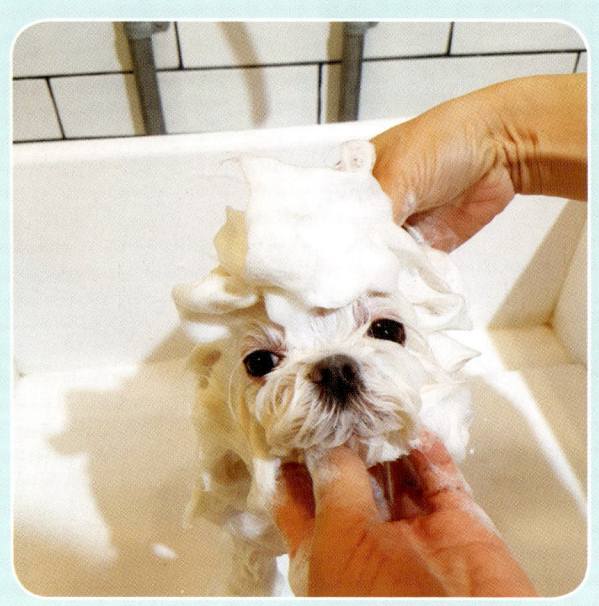

커트 전 베이싱 단계는 미용의 완성도를 높이는 가장 중요한 단계이다. 강아지의 생활패턴이나 목적, 주기에 따라 제품과 방법이 달라지며, 커트 전 베이싱이 잘 되면 드라이시 피모가 서로 뭉치지 않고 털을 한올 한올 볼륨감 있게 살려주어 드라이 시간을 단축시키고 웨이브없이 더욱 풍성한 미용을 완성할 수 있다.

어떤 제품을 어떻게 사용하느냐에 따라 미용의 결과가 달라진다. 강아지의 털 오염 정도에 따라 아래의 베이싱 단계 중 선택하여 견종에 따라 최대 4회까지 진행한다.

< 가위컷 전 베이싱 방법에 따른 종류 >

1차 딥클린징 샴푸

▷ 목욕을 한 지 오래된 경우
▷ 더러움이 심한 경우
▷ 유분기가 많아 기름져 있는 경우

2차 베이직샴프 (기본 샴푸)

▷ 기능성 샴푸를 사용하기 전 피모를 베이직 샴프로 가볍게 샴푸하여 효과를 극대화 시켜주는 작업

3차 기능성 샴푸 종류

▷ 화이트닝 (흰 털을 더 하얗게 보이게 한다)

▷ 블랙 or 모색 샴푸 (본래의 모색을 유지시켜주는 제품을 선택한다)

▷ 볼륨업 샴푸 (커트 전 볼륨라인으로 샴푸해주면 모량이 풍성해져 커트의 만족도가 높아진다)

4차 컨디셔너 : 정전기 or 엉킴방지 영양공급 역할함

▷ 털이 긴 부위만 부분 컨디셔너 사용

ex) 말티즈, 시츄, 요크셔테리어의 머리묶는 부분, 귓털, 꼬리, 판타롱 스타일일 경우 다리부분에 사용

ex) 비숑의 경우 긴 꼬리털만 컨디셔너를 사용

< 커트 전 샴푸방법과 컨디셔너 사용방법 >

* 커트 전 샴푸 방법 *
① 피모 안쪽 모근까지 따뜻한 물로 충분히 적셔준다.

② 거품을 낼 수 있는 통이나 거품기를 이용해 샴프액을 거품으로 만든다 (피부에 잘 스며들어 자극을 최소화시켜 피부의 때를 뺄 수 있고 소량의 거품으로 낭비도 방지할 수 있다)

③ 거품을 골고루 도포하여 피모를 갈라 피부 안쪽을 손 끝으로 부드럽게 마사지하듯 문질러준다. (털을 세게 비빌 경우 모질이 상할 수 있고 모근의 때는 빠지지 않는다)

* 컨디셔너 사용 방법 *
샴푸에 의해 알카리성이 된 피모를 유성으로 중화하여 손상 억제 역할을 한다.

긴 모질의 피모를 차분하고 부드럽게 해주며 견종의 모질, 모량, 털길이를 파악한 후 적정량을 사용한다.

* 컨디셔너 사용시 주의사항 *
모근에 닿지 않게 피모 위주로 가볍게 흡수시켜 헹군다.

< 커트 전 효과적인 드라이 방법 >

애견미용에 잇어 드라이는 베이싱다음으로 중요한 작업이며 완벽한 드라이를 해야만 마무리의 완성도가 높아지는 중요한 역할을 한다. 얼굴-바디-사지-귀와 꼬리털 순서로 진행한다. 각 부분 드라이 시, 다른 부분의 털이 마를 수 있으므로 물기가 있는 펫타올로 다른 부분을 감싼 뒤 드라이한다.

말티,시츄등 긴털부분의 경우

▷ 핀브러시를 이용해 뿌리부분을 툭툭 쳐주는 느낌으로 핀이 털길이의 1/2지점까지만 닿게 한다. (젖은 상태에서 끝까지 빗을 경우 끝 부분이 늘어져 모질이 상하기 때문)

▷ 털이 누워있는 방향 (털결)에 따라 정방향 드라이한다.

▷ 스포팅일 경우 역방향 드라이로 볼륨을 살려준다.

푸들, 비숑, 베들링턴 테리어 등의 경우

▷ 슬리커브러시를 이용해 털 결의 역방향 드라이로 부드럽고 빠르게 뿌리를 치며 곱슬거리는 털을 펴준다.

드라이시 주의 사항

① 피모에서 20cm정도 거리를 두고 드라이한다.

② 풍량은 높게,온도는 따뜻하게

③ 얼굴 정면에 바람이 가지 않도록 한다. (놀라거나, 눈에 자극이되어 문제가 생길 수 있고 스트레스를 받을 수 있다)

④ 귓속도 깨끗이 말려 주어 습하지 않도록 한다.

PART 2

Shih tzu & Yorkshire Style

미용에 대한 실패를 두려워하지 말고 무엇이 문제였는지
차분히 되돌아보면 어느새 더욱 발전한 기술을 쓰고 있는
자신을 발견할 수 있을 것이다.

① 알머리컷+스포팅

② 베이비컷

③ 요크셔테리어- 단발컷+스포팅

Shih Tzu Style ①

시추 알머리컷+스포팅 (7F 정방향)

시추는 장모종이기 때문에 꾸준한 미용과 관리가 필요한 견종이며 가장 무난한 스타일의 바디 표현인 스포팅컷을 하기에 적합하다. 특히, 눈이 크고 머즐이 짧기 때문에 알머리컷을 하면 더욱 청결하게 관리할 수 있으며 더욱 더 사랑스러워 보인다.

Let's start Shih Tzu grooming!

Before

After

이 컷의 Point *

단두종인 시추는 얼굴털이 조금만 길어도 눈을 찌르기 때문에 눈 주변을 짧고 깨끗하게 커트해야 눈물에 의한 변색을 방지할 수 있다.

Start !

1

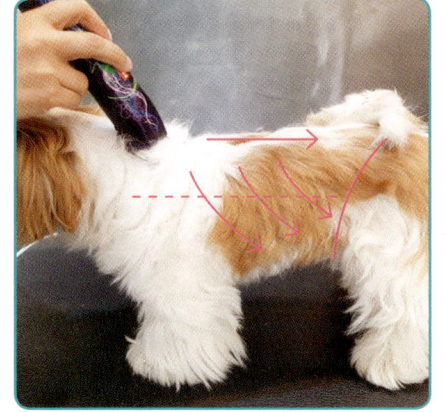

후두부부터 미근부를 1cm 정도 밀고 미근부부터 턱업까지 사선으로 그림과 같이 스포팅 라인을 설정한다.

2

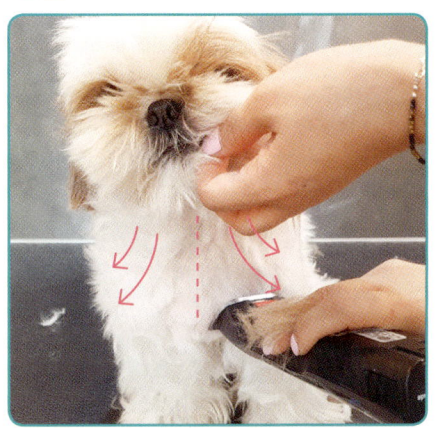

앞가슴은 반으로 나누어 밀어야 다치지 않는다. 다리 사이까지 클리핑한다.

3

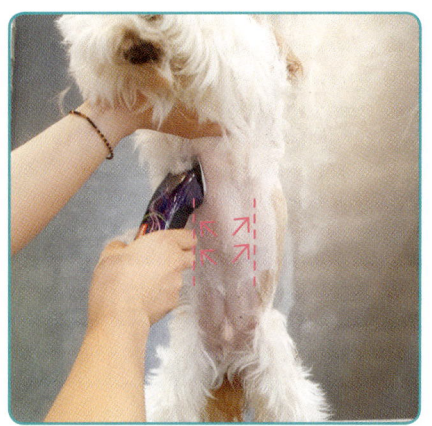

엘보 깊숙히 손을 넣어 고정 후, 가볍게 세워 역방향으로 클리핑해도 무방하다.

4

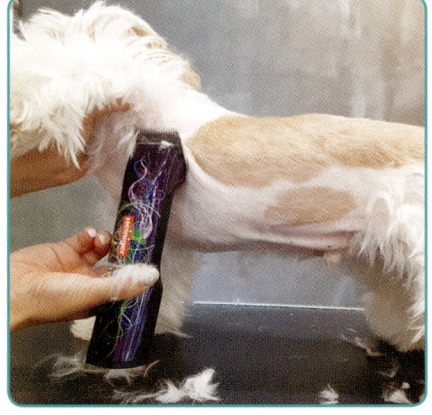

겨드랑이와 전지가 나눠지는 부분까지 클리핑한다.

5

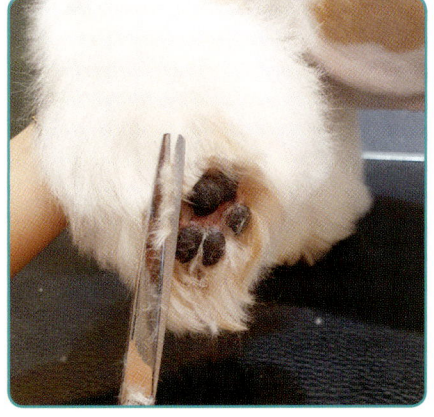

네발 모두 패드를 가리는 부분을 깨끗이 보이게 한다.

6

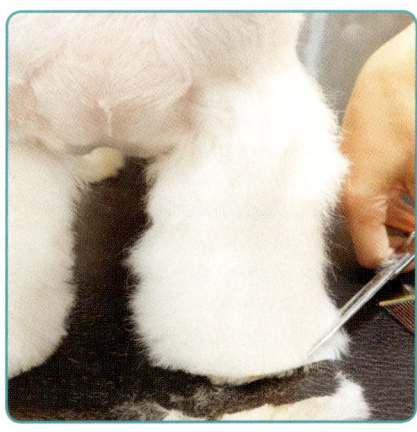

발톱이 보이지 않게 풋라인을 설정한다.

continue

7

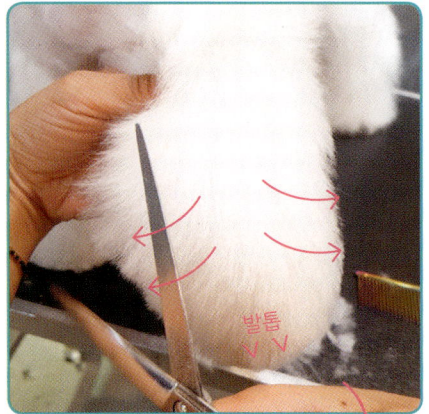

네발 모두 먼저 진행해준다.

** Tip 가운데 발톱을 중심으로 풋라인 폭에 맞춰 가볍게 들어 윗부분까지 커트하면 좀 더 빠르고 깨끗한 라인이 만들어진다.

8

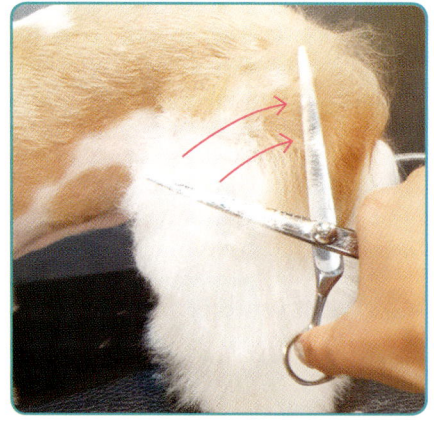

바디와 후지를 자연스럽게 연결되도록 서서히 길어지도록 블랜딩한다.

9

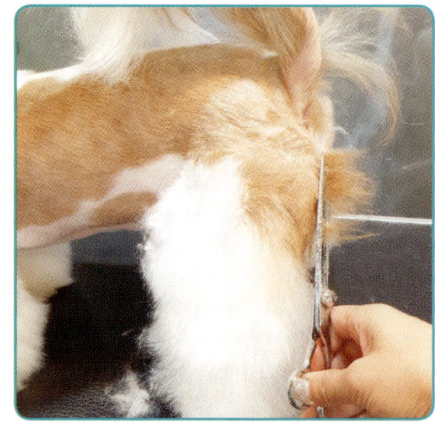

둥근 곡선 형태로 좌골 부분의 털을 짧게 정리한다.

10

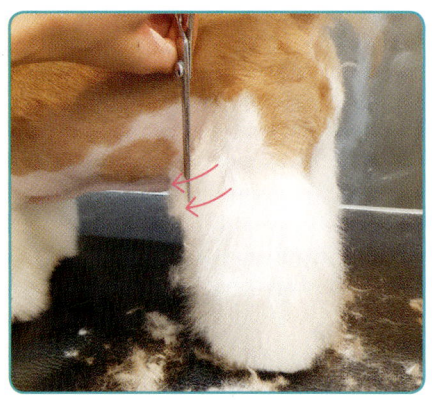

턱업은 짧고 바디와 명확히 구분되도록 나누어준다.

11

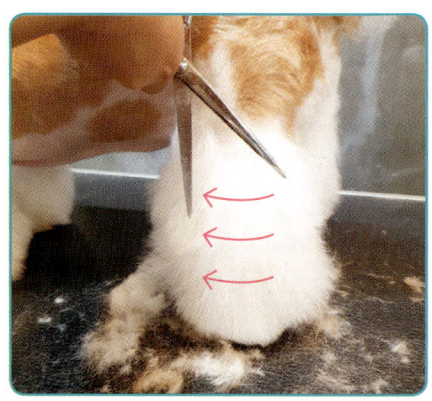

측면의 털도 일직선으로 굴려주며 형태를 만들어나간다.

12

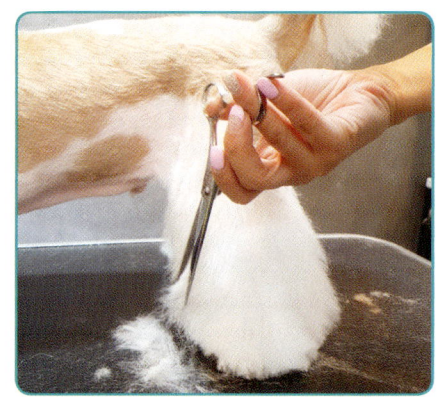

서서히 퍼지는 형태로 가늘지 않게 커트해야 시추의 통통한 다리 라인을 완성할 수 있다.

13

측면에서 확인하며 앵글레이션을 만들어준다.

14

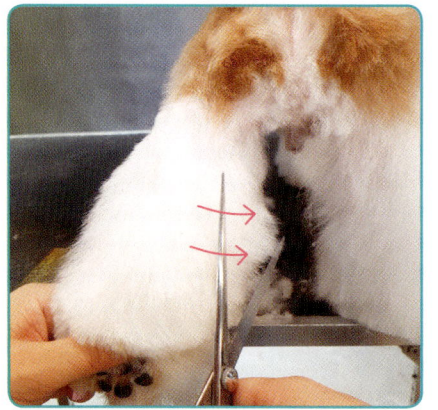

후지 내측은 다리를 살짝 들어 커트하면 깨끗한 면처리를 할 수 있다.

15

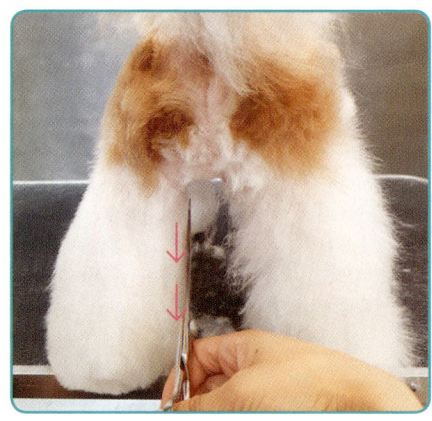

바르게 세워 두께를 고려하며 내측을 마무리한다.

16	17	18
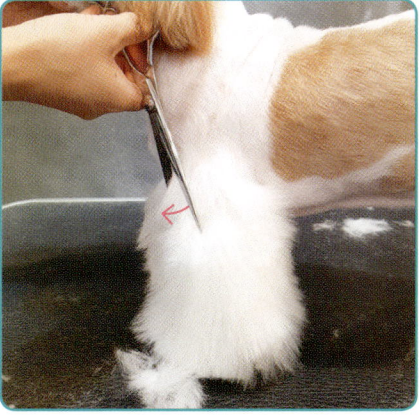	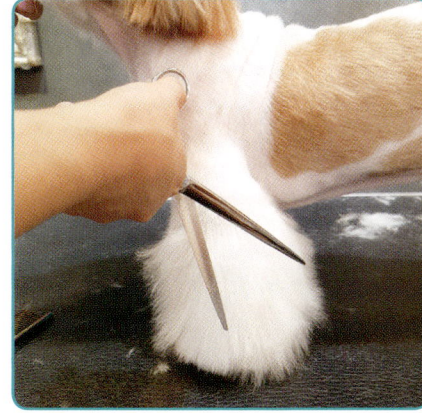	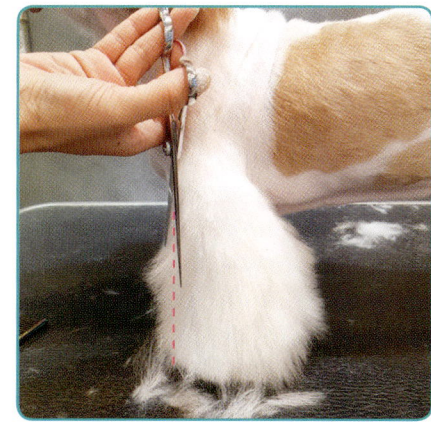
전지와 앞가슴을 나눠줄 기초선을 잡는다.	외측 털을 어깨와 서서히 퍼지게 다듬는다.	풋라인까지 일직선으로 내려준다.

19	20	21
	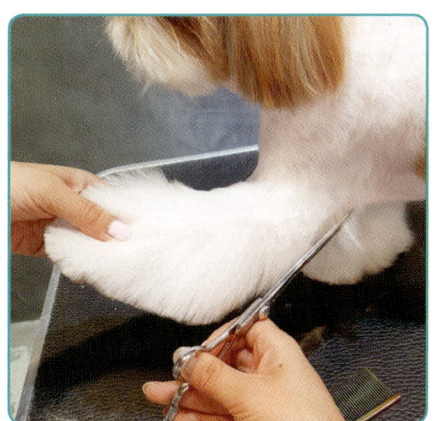	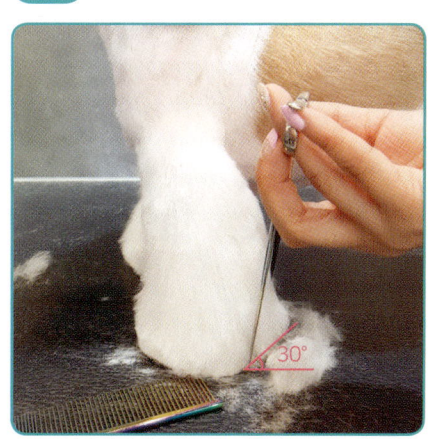
측면의 풋라인도 함께 정리한다.	엘보 위쪽을 짧게 커트해야 엉킴을 방지할 수 있다.	엘보에서 일직선으로 커트한다. 발끝은 조금 굴려 뒷라인을 정리한다.

22	23	24
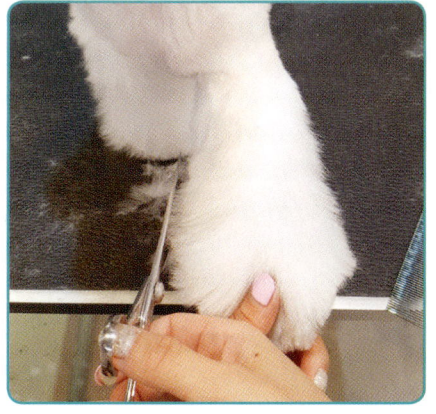	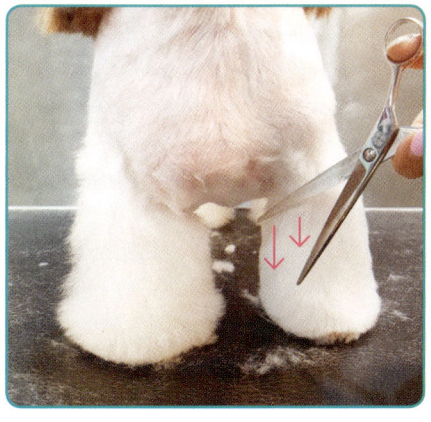	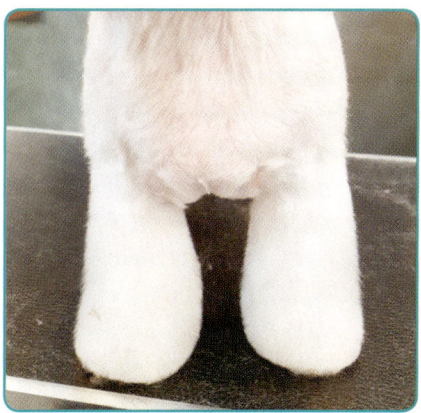
내측도 가볍게 들어 겨드랑이 부분을 짧게 커트한다.	바르게 선 상태에서 다시 한번 정리한 후 남은 두다리 모두 완성한다.	앞다리 완성

Face Cut Start!

25
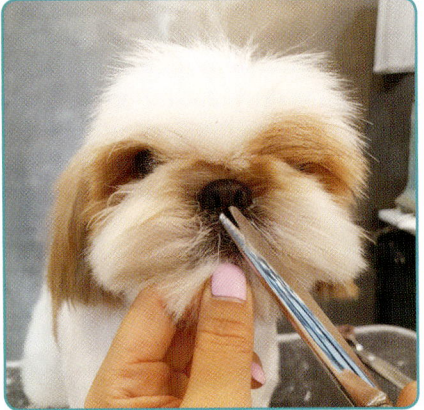
코 아래 폭만큼 입술을 깨끗이 따준다.

26
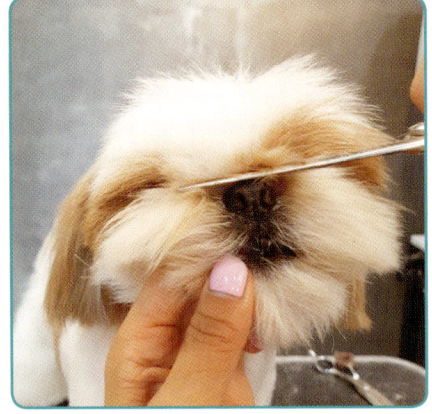
미간의 털을 눈을 가리는 털 없이 짧게 정리한다.

27

이마의 털을 빗어내려 스톱에 가위를 넣은 후 45° 기울여 정리한다.

28
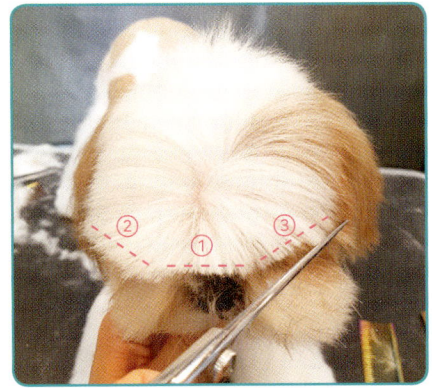
눈 끝으로 굴려준다.

29

이마부터 정수리까지 진행하여 높이를 설정한다.

30
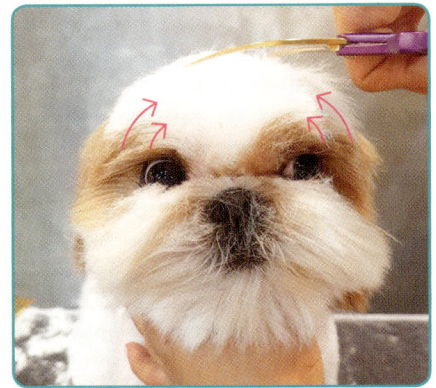
눈꼬리에서 정수리까지 반원을 그리며 커트한다.

31

예상 라인보다 머즐 폭을 조금 길게 설정하여 조금씩 줄여 나갈 수 있게 기초선을 잡는다.

32
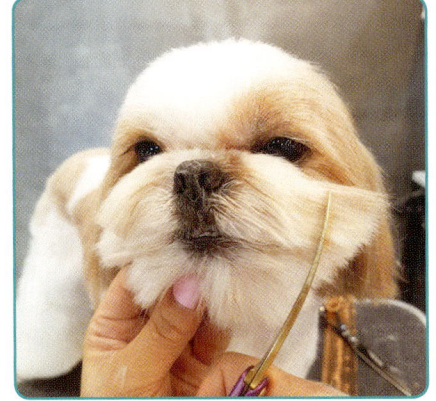

33
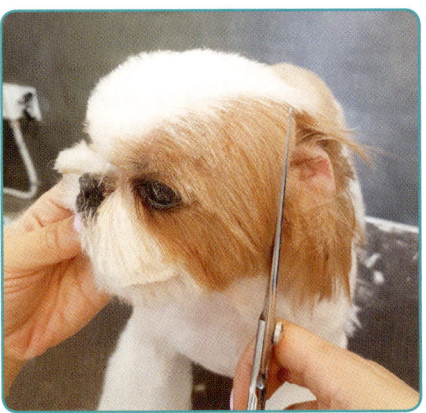
귀 앞은 짧게 커트해야 귀를 세웠을 때 튀어나오는 털이 없다.

34

입 끝에서 귀 밑 지점까지 불필요한 털을 과감히 커트한다.

35

36

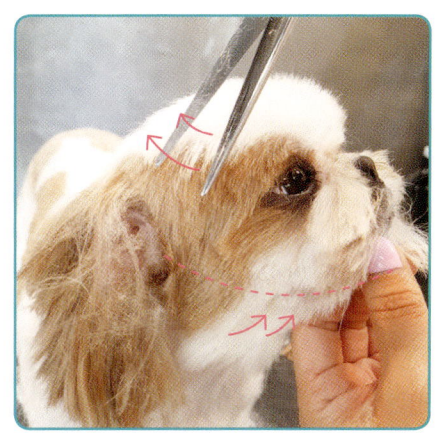

측면과 두개부쪽을 다시한번 연결한 후 커트된 아랫부분은 클리퍼로 짧게 밀어 라인이 깨끗히 나올 수 있도록 한다.

37

귓바퀴에서 깊게 가위를 넣어 명확히 나눠준다.

38

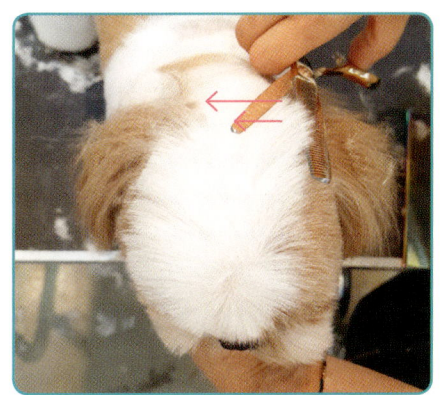

티닝가위로 옥시풋 부분의 털은 짧고 자연스럽게 연결한다.

39

아랫 입술과 턱을 짧게 커트하여 마무리한다.

40

귀 끝을 가지런히 정리한다.

41

Finish

Shih Tzu Style ②

시추 베이비컷

베이비컷은 알머리컷 다음으로 시추에게 많이 추천하는 스타일이다. 큰 눈망울에 짧은 머즐을 가진 단두종의 얼굴은 베이비컷을 하면 더욱 사랑스럽다. 귀를 짧게 커트하여 큰 하이바를 쓴 어린 강아지 컨셉이기 때문에 생후 2~3개월 때와 비슷한 모습을 볼 수 있어 인기가 많다. 시추는 고집이 세 미용사들이 컷트 과정에서 특히 어려움을 겪고, 두껍게 쳐지는 피모를 다듬는 과정도 난이도가 높아 전반적으로 어려운 커트라고 할 수 있다.

Let's start Shih Tzu grooming!

Before

이 컷의 Point *

시추 베이비컷은 귀 위치나 크기에 따라 커트방법이 달라진다. 귀가 작고 머리에 납작 붙어있는 경우에는 둥글고 예쁜 베이비컷이 표현되지만, 귀가 크거나 짝짝이인 경우엔 좌우 밸런스를 맞추는 일이 쉽지 않다. 섬세한 커트로 대칭을 수시로 확인하며 베이비컷을 완성해야한다.

Start !

1

입술과 코 주변은 짧게 정리한다.

2

'ㅅ' 형태로 라인을 잡아 놓으면 입 안으로 말려 들어가는 털 없이 깨끗한 라인이 나온다.

3
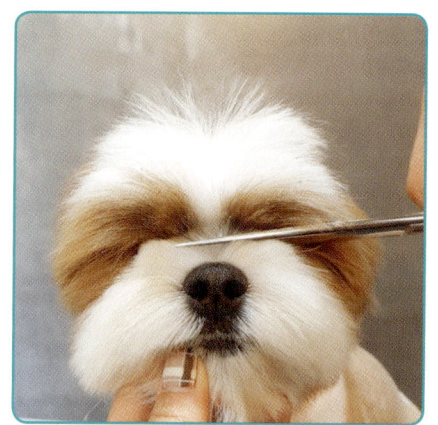
미간을 일직선 라인으로 만들어준다. 커브가위보단 일자가위가 용이하다.

4
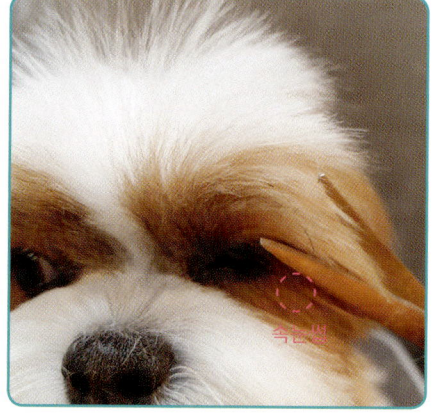
속눈썹이 잘리지 않게 눈 위쪽을 아치형 라인으로 짧게 커트한다.

5

** Tip 속눈썹이 두껍고 색이 진한 시추의 속눈썹을 포인트로 살려준다.

6
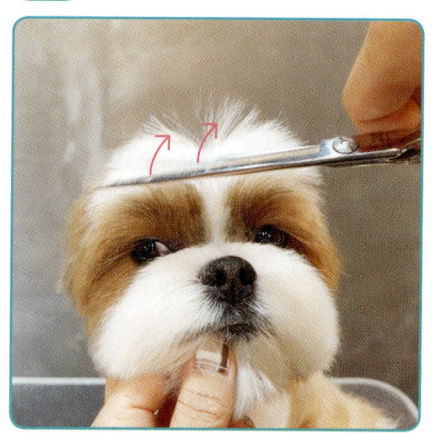
탑의 높이를 설정하여 이마가 너무 납작해 지지 않게 굴려 커트한다.

continue

7

Tip
시추는 가르마 져 있는 경우가 많아 털이 누워있는 방향과 가위 방향을 같게 해야 층이 지지 않는다.

8

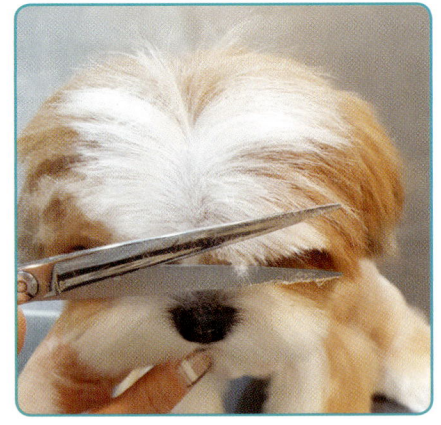

눈 앞으로 쏟아지는 털도 빗어내려 굴려준다.

9

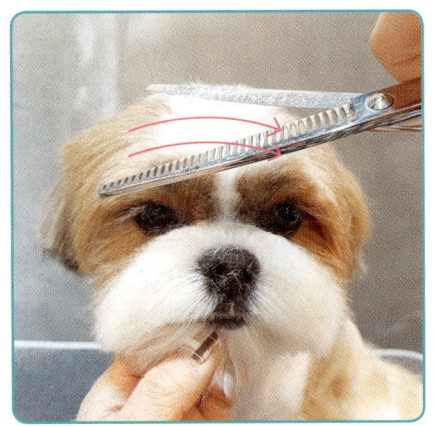

숱가위로 고르게 연결하여 탑 부분을 완성한다.

10

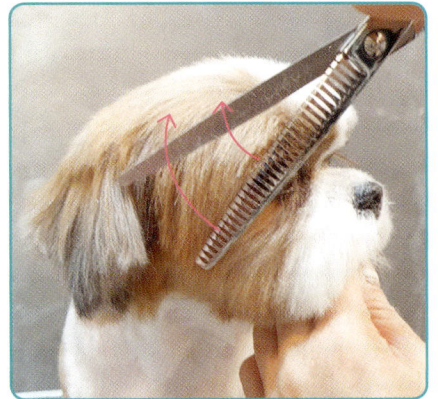

눈꼬리에서 위로 올려주며 커트하되 귀 앞은 잘리지 않도록 주의한다.

11

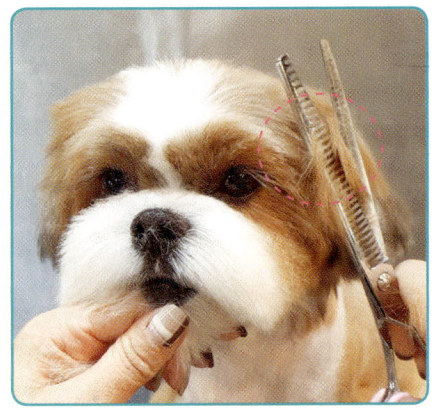

귀 털과 귀 앞부분의 털을 자연스럽게 연결해야 큰 베이비컷 라인을 잡을 수 있다.

12

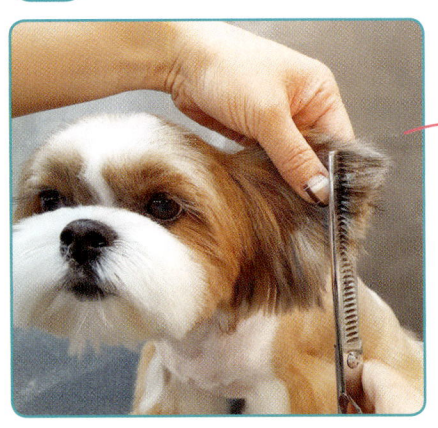

귀 끝은 들어서 최대한 짧게 커트한다.

Tip
귓털을 길게 하면 얼굴이 커지고 무거운 느낌이 있어 짧게 커트해야 귀여운 느낌이 된다.

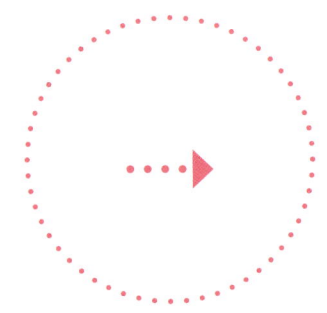

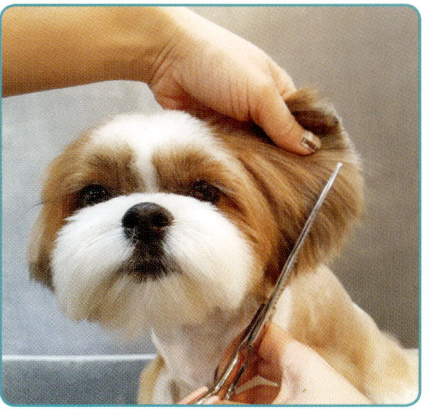

13 귀를 잡고 세워 아래로 떨어지는 털은 과감히 사선으로 컷트한다.

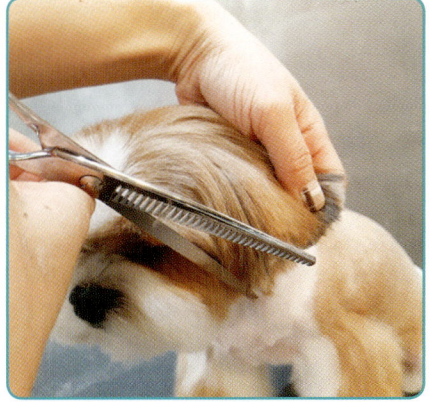

14 앞쪽도 둥글게 굴려 짧고 둥근 귀를 완성한다.

15 귀 뿌리를 뒤에서 앞으로 밀어 튀어나온 털을 크라운과 연결한다.

16 반대편도 같은 방법으로 진행한다.

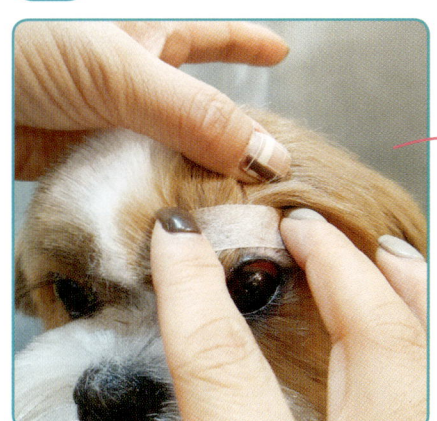

17

Tip 뺨 쪽을 커트하기 전, 속눈썹이 잘리지 않게 종이 테이프로 고정한다.

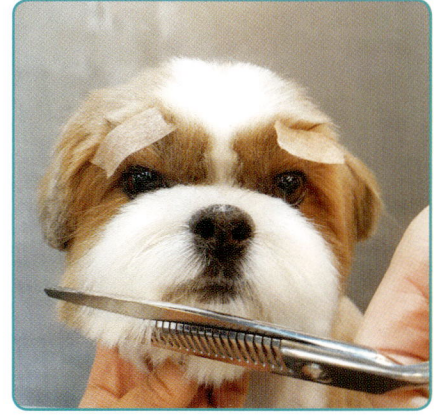

18 입 끝에서 반원으로 라운딩한다.

19 귀 끝과 연결하여 측면라인을 정리한다.

20 뺨 부분의 털이 튀어나오지 않도록 숱가위로 자연스럽게 굴려준다.

continue

21

코 옆 털도 볼륨감있게 다듬는다.

22
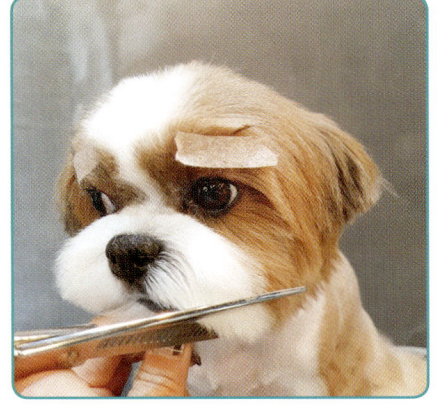
반대편도 같은 방법으로 커트한다.

23
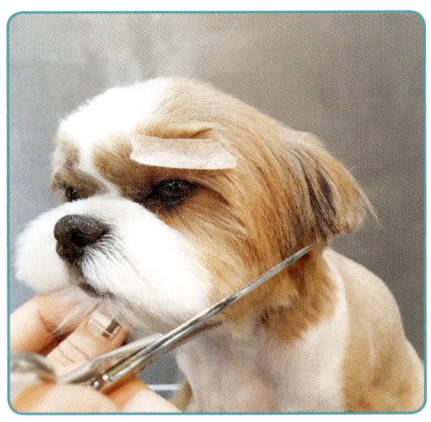

24
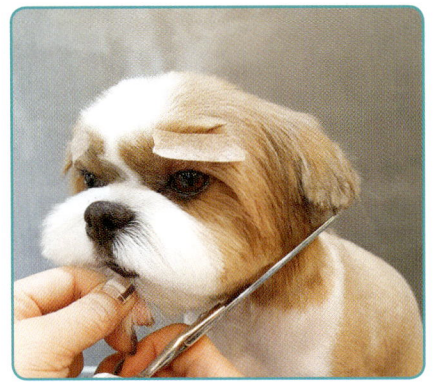

25
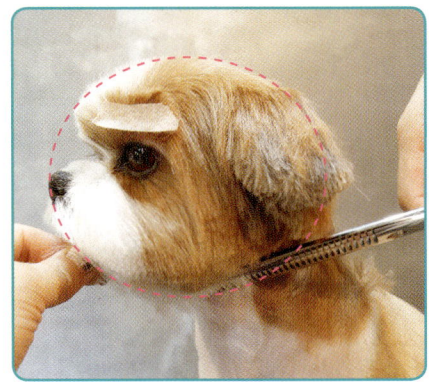
측면에서 헬멧을 쓴 듯한 모양으로 원의 형태로 라인을 잡는다.

26
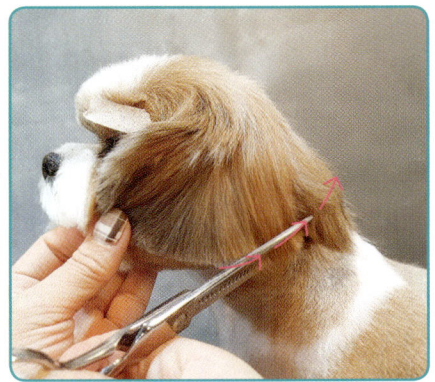
귀 끝을 앞으로 당긴 후 아래 부분을 다듬으면 깨끗한 라인을 완성할 수 있다.

27
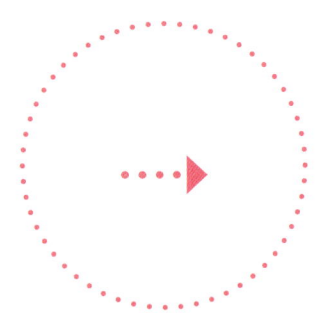
측면과 연결하며 목과 경계를 나눠준다.

28

후두부도 숱가위로 재차 다듬어 라인을 완성한다.

29	30	31
턱부분도 측면에서 둥근 형태로 다듬어 나간다.	스톱을 기준으로 1:1비율로 턱 길이를 설정하여 밸런스를 맞춘다.	전체적으로 다시 한번 다듬어 완성한다.

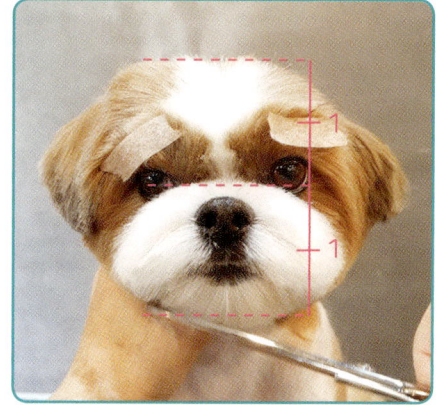

위에서 본 완성 모습.

Finish

Yorkshire Terrier Style ①

요크셔 단발컷+스포팅 (4F 정방향)

요크셔테리어는 "움직이는 보석"이라는 별명을 가질 정도로 작고 귀여운 외모로 많은 사랑을 받고있는 견종이다. 실키한 털은 부드러워 잘 빠지지 않고 계절에 따른 털갈이도 거의 없기 때문에 알러지가 있는 사람도 키우기 좋다. 긴 털을 자연스럽게 늘어뜨린 풀코트는 예쁘지만 환경적,시간적 요인으로 미용이 꼭 필요한 견종이기에 다양한 방법으로 스타일을 바꾸어 연출하기도 한다.

Let's start Shih Tzu grooming!

Before

After

이 컷의 Point *

브러싱을 최소화 하기 위해 바디 부분은 1cm 클리핑, 다리는 통통하게 스포팅을 하였다. 물방울 느낌의 다리컷 표현방법에 중점을 두고 과정을 살펴보자.

Body Cut Start !

1
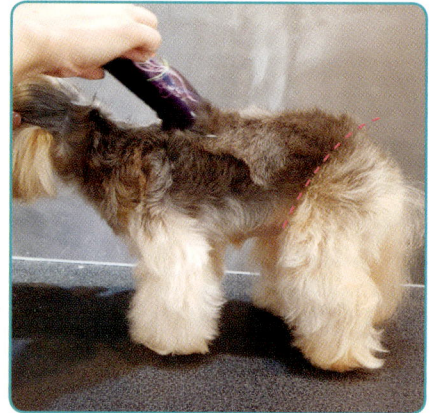
4번 정방향으로 스포팅 라인을 잡는다.

2
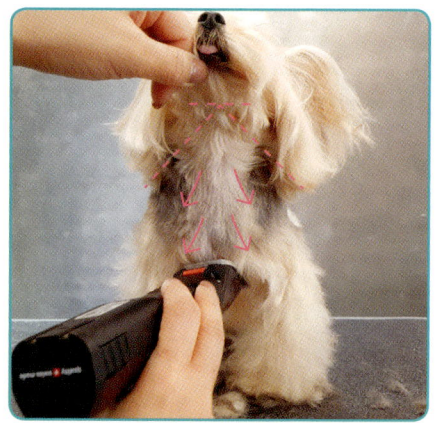
표시된 부분 아래로 클리핑한다.

3
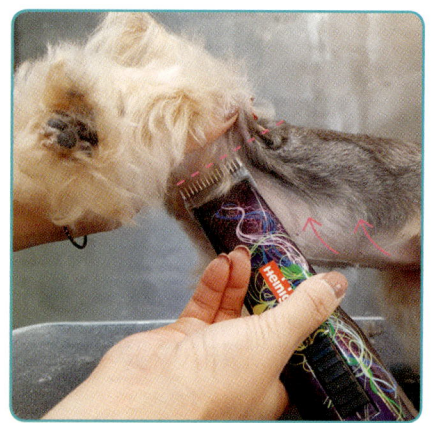
겨드랑이와 바디가 나눠지는 부분까지 아래쪽은 역방향 클리핑한다.

4
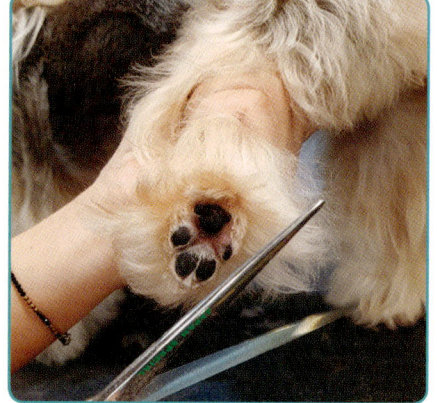
발선을 크게 잡아야 함으로 과하게 잘리지 않도록 주의한다.

5
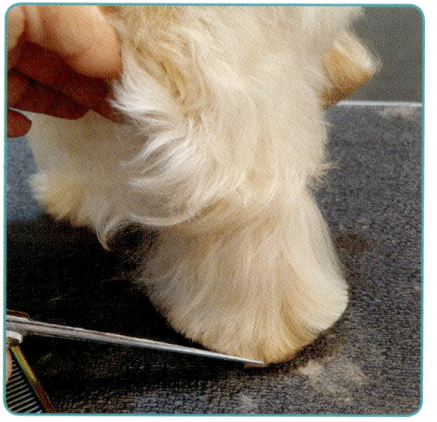
통통한 바디표현과 밸런스가 맞게 큰 풋 라인을 잡는다.

6
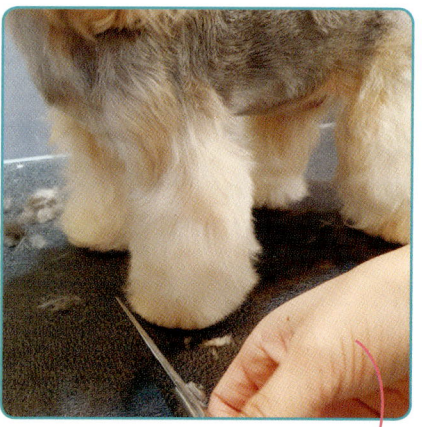
** Tip 폭이 좁아져 뾰족해지지 않도록 주의한다.

continue

7

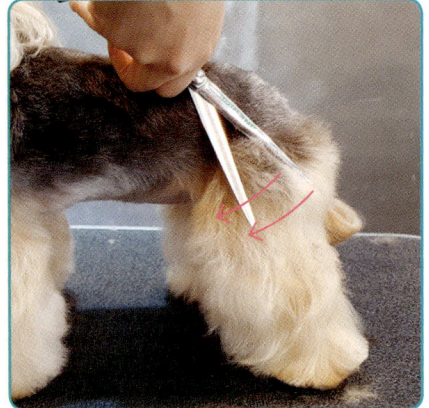

바디와 경계지지 않도록 블랜딩한다.

8

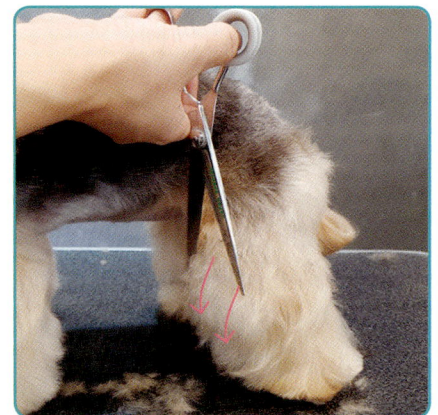

턱업에서 곡선 형태로 부드럽게 연결한다.

9

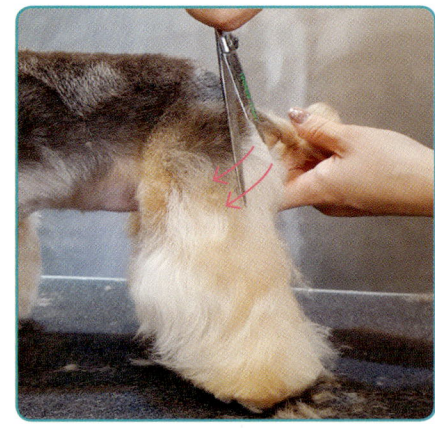

엉덩이 부분은 솟아 보이지 않도록 각도를 낮춰 꼬리와 경계를 나눠준다.

10

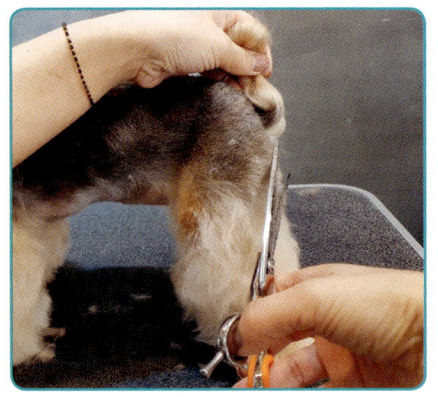

좌골 아래로 짧게 커트하여 체장이 길어 보이지 않게 밸런스를 맞춘다.

11

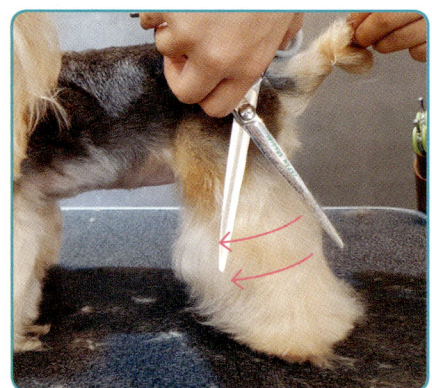

서서히 퍼지는 느낌으로 다듬어 나간다.

12

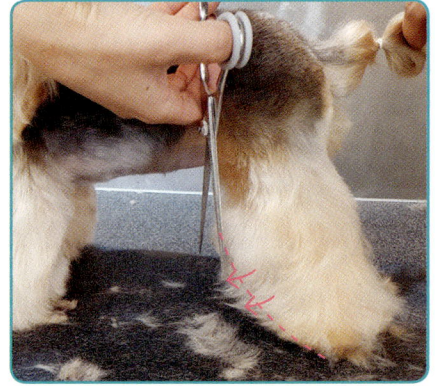

풋라인과 곡선으로 연결하여 라인을 완성한다.

13

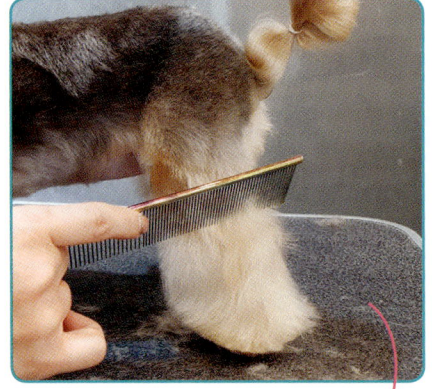

** Tip 실키한 모질이기 때문에 아래부터 차곡차곡 가볍게 코밍해야 폭 좁아짐을 방지할 수 있다.

14

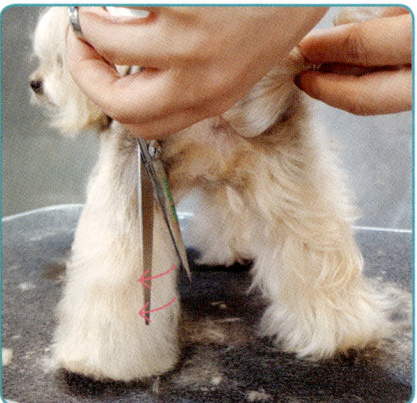

내측도 서서히 퍼지는 형태로 커트한다.

15

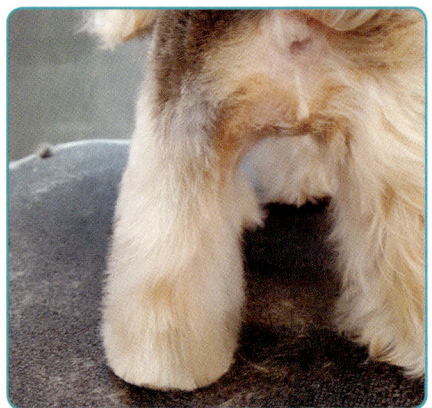

후지 완성

16	17	18
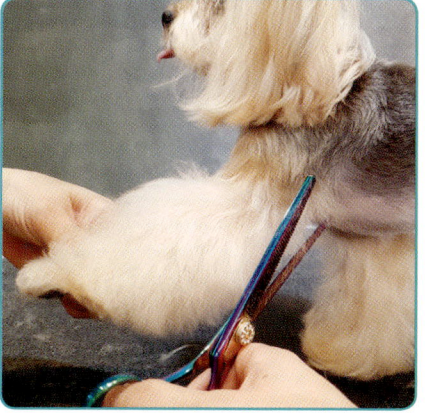	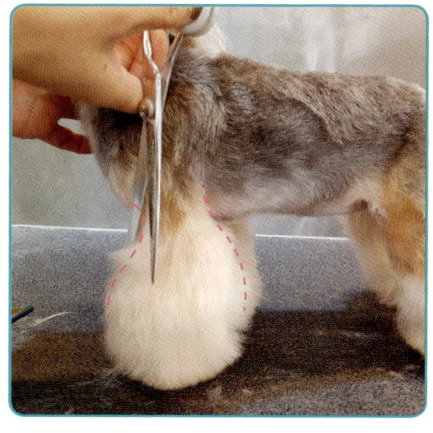	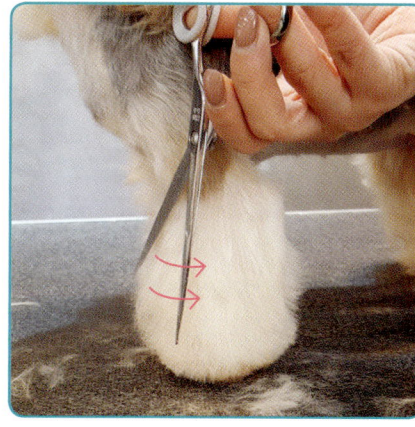
팔꿈치 위로 짧게 커트한다.	전지는 물방울 모양으로 표현하기 위해 윗부분은 짧게 커브 그리듯 라인을 잡는다.	

19	20	21
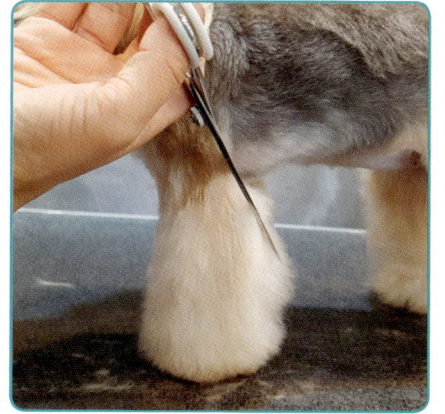	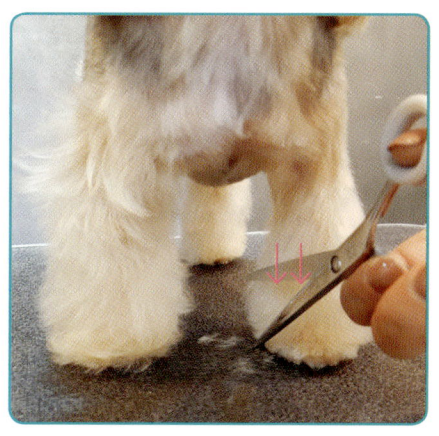	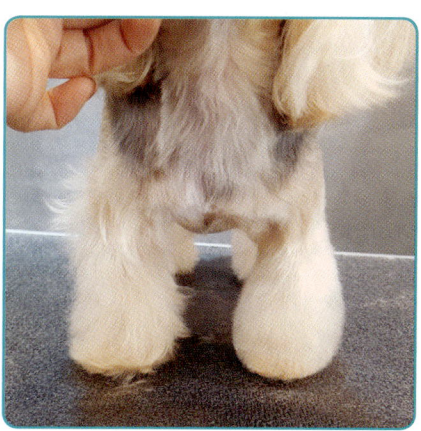
엘보 아래를 크게 연결한다.	측면의 폭에 맞춰 두께를 고려하여 완성해 나간다.	물방울 다리컷 완성

22	23	24
	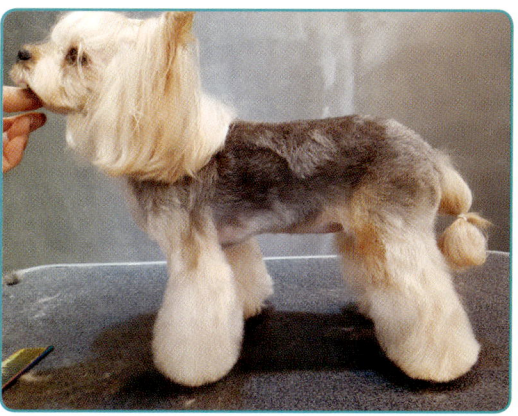	
	측면 완성 -> 반대편도 같은 방법으로 커트하여 바디를 완성한다.	꼬리는 땋아주면 오염방지에 좋다.

continue

Before

After

이 컷의 point ✻

얼굴은 머리 부분의 피모를 길게 묶고 머즐은 짧고 둥글게 커트하여 요크셔테리어의 실키한 털을 살려 다른 견종에서 느낄 수 없는 고급스러운 느낌을 내주는 것이 포인트!

25

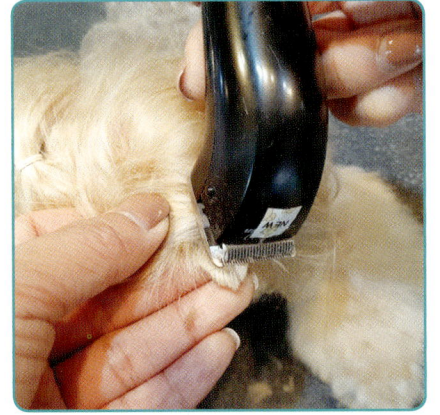

귀 끝 1/3 지점은 짧게 정방향 클리핑한다.

26

뾰족한 형태로 클리핑한 부분만 라인을 잡는다.

27

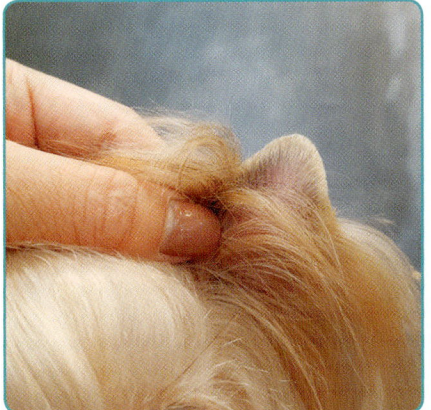

28

입 주변은 짧게 커트하여 안으로 말려 들어가는 털이 없게 한다.

29

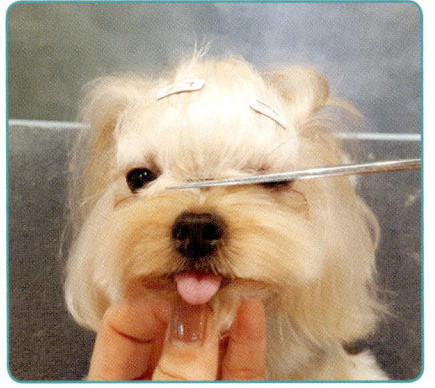

묶는 털이 잘리지 않게 액단을 나누어 일직선으로 커트한다.

30

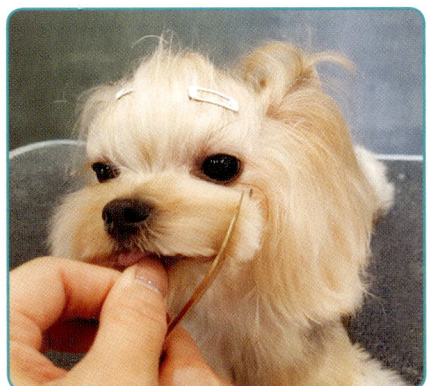

머즐의 폭이 눈꼬리 지점에 맞춰 기초선을 잡는다.

31	32	33
		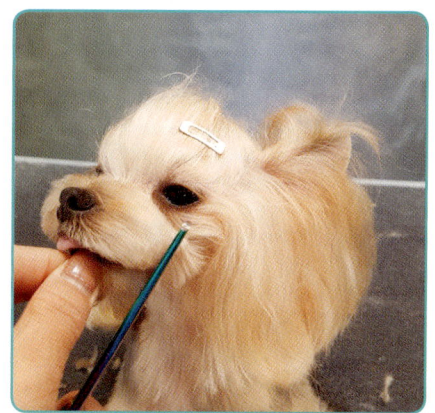
	코 옆 튀어나온 털을 뒤로 굴려주어 볼륨감을 표현한다.	숱가위로 뺨의 털을 잘리지 않도록 주의하며 머즐과 경계를 나눠준다.

34	35

Tip
입술을 들어올려 선을 정리해주면 깨끗한 머즐라인이 완성된다.

continue

36
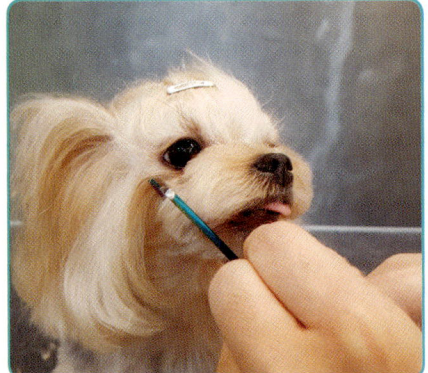
반대편도 같은 방법으로 머즐을 완성한다.

37
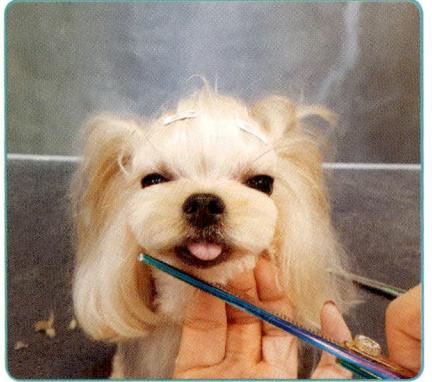
턱 부분의 털은 제일 마지막에 짧게 연결해 준다.

38
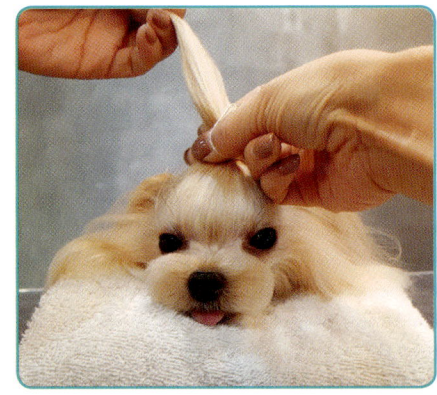
눈꼬리부터 귀부리 앞 지점까지 반원으로 나눠 밴딩한다.

39

요술가위로 나비 귀 형태로 귀 라인을 커트한다.

40

41
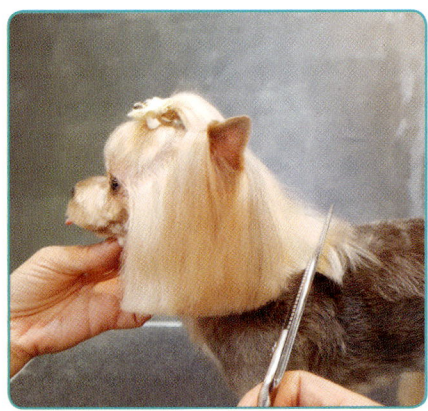
측면에선 단발형태로 뒤쪽까지 길이를 맞춰준다.

42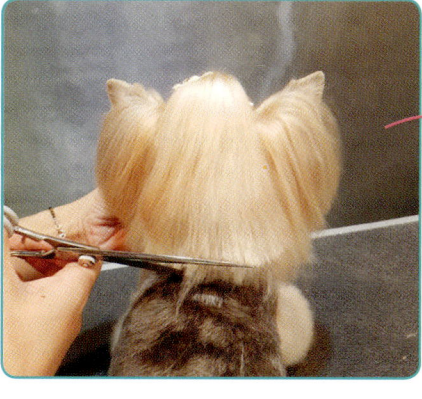

Tip
머리를 숙인 상태에서 커트하면 라인이 짧아지므로 정확한 머리 위치에 둔 뒤 라인을 잡아야 한다.

43

44

반대편도 완성하여 대칭을 맞춰 완성한다.

45

Finish

POMERANIAN STYLE COLLECTION

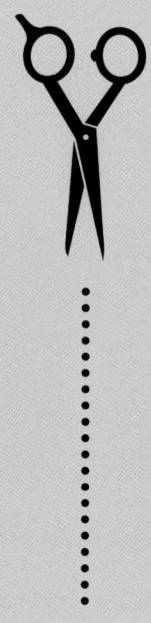

PART 3

Pomeranian Style

꾸준히 연습하는 사람을 이길 사람은 없다.
완성도 높은 미용은 노력한 만큼의 결실이자 보상이다.

① 곰돌이컷

② 라이언 변형컷

Pomeranian Style ①

포메라니안 곰돌이컷

포메라니안은 앙증맞은 작은 체구에 인형 같은 이목구비를 가졌으며,
성격 또한 당차고 영리하고 활동적인 특성을 가진 견종이다.
풍성한 피모에 단모의 속털과 장모인 긴털을 가져 서로 잘 엉키게 되므로 수시로
브러싱을 해주어야 한다. 털갈이 시기에는 빠진 털이 떨어져 나오지 못하고
속에서 엉켜 있기 때문에 쉽게 관리할 수 있도록 곰돌이컷을 해주면 좋다.
이 컷은 동글동글한 얼굴, 땅콩모양 같은 바디, 고양이처럼 둥근 발 등을
표현하기 위해 많은 기술이 필요한 스타일이다.

Let's start Pomeranian grooming!

Body Cut Start!

Before

After

이 컷의 Point *

포메라니안은 털을 짧게 클리핑하면 '포스트 클리핑 알로페시아' 라는 질환이 발생할 가능성이 있다. 이 질환은 클리핑 시 모낭을 건드리거나 클리퍼 자극으로 인하여 털을 밀었을 때 다시 털이 자라지 않는 증상을 보인다. 따라서 최대한 가위 컷으로 트리밍하고 꼭 짧게 해야만 한다면 털을 1cm 이상 길게 남겨 모근으로부터 날을 띄어 클리핑 하도록 한다.

1
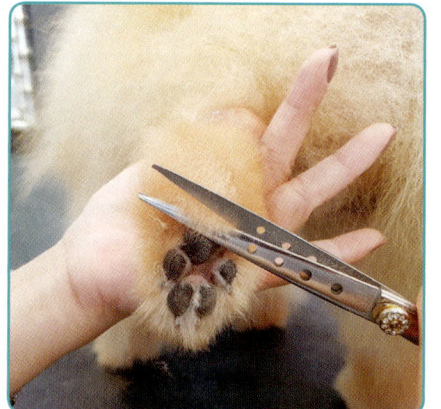
패드가 가려지는 털을 정리한다.

2
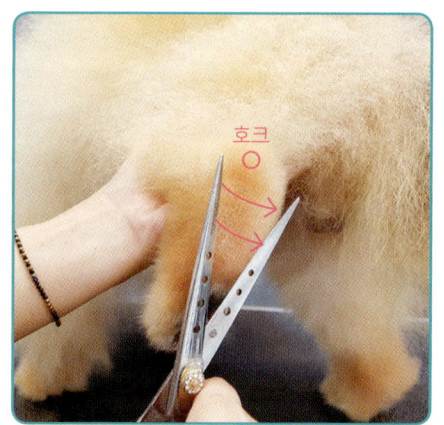
호크까지 수평으로 커트하여 지면과 수직을 이루도록 한다.

3
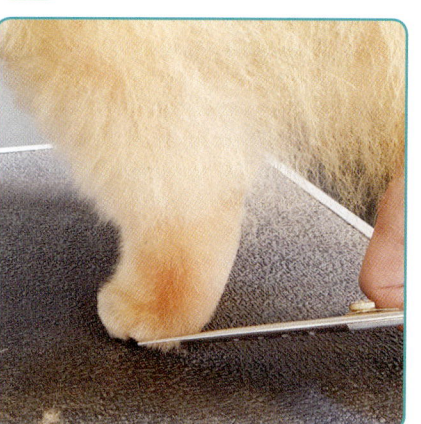

4
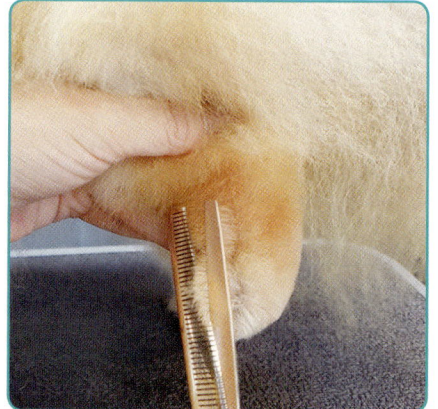
고양이 발처럼 둥글게 굴려 풋라인을 완성한다.

5
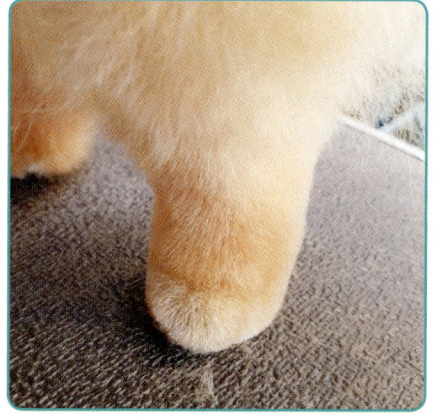
풋라인 완성

6
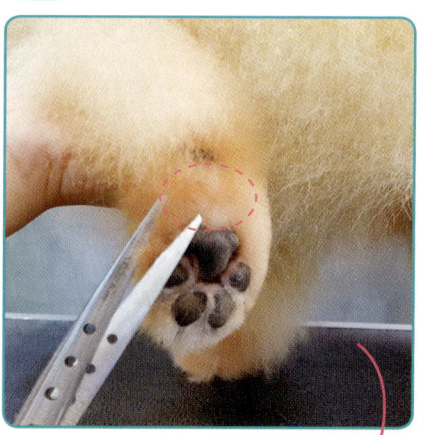
** Tip 앞발 풋라인의 경우 표시된 부분만 지면과 45° 각도로 라인을 잡는다.

7
풋라인과 사선으로 연결하여 둥글게 컷팅한다.

8
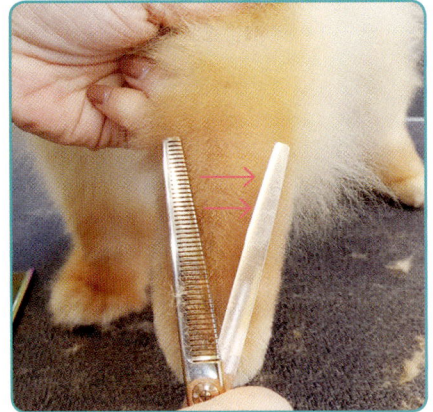
숱가위를 사용해 앞부분의 털도 깨끗이 다듬는다.

9
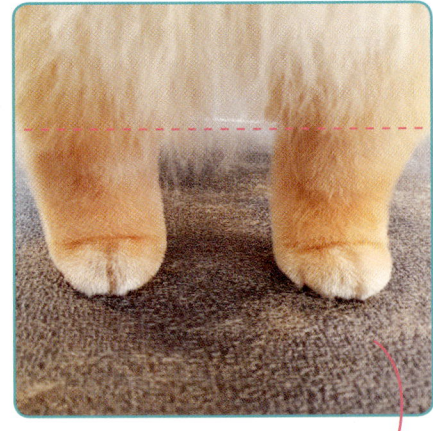
** Tip 풋라인을 잡으며 표시된 부분까지 같이 커트하면 시간을 단축시키고 밸런스를 맞추기 쉽다.

10
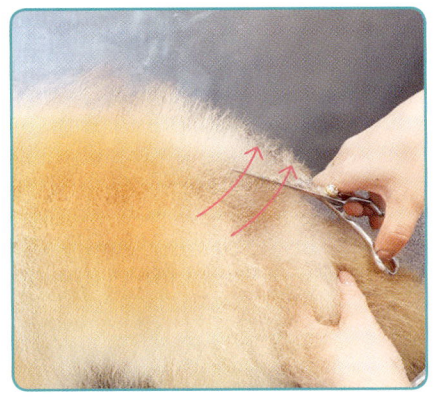
45° 각도로 기울여 꼬리를 세웠을 때 겹치는 부분이 없게 커트한다.

11
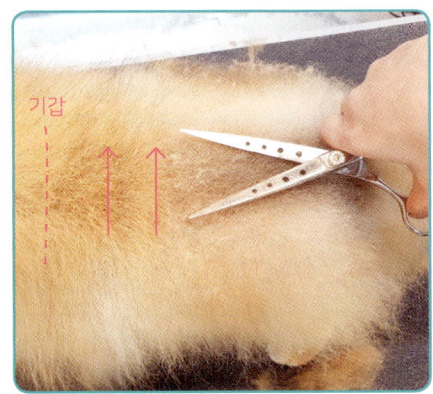
기갑 부분까지 수평으로 등선을 잡는다.

12
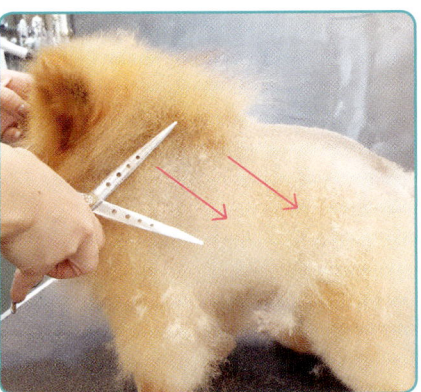

13
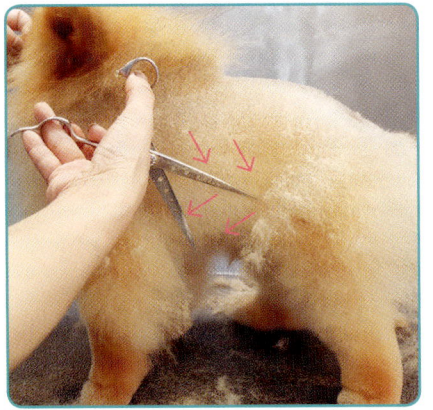
등선 털길이의 맞춰 둥글게 굴리며 바디를 커트한다.

14
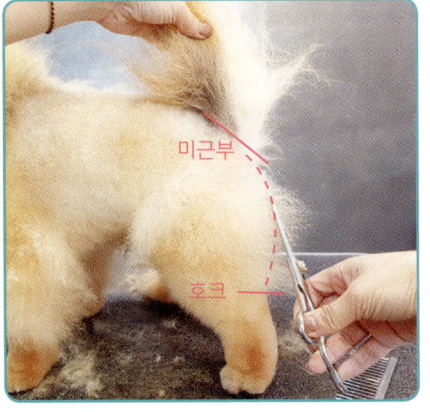
미근부에서 호크까지 곡선 형태로 커트하여 후지 라인을 잡는다.

15
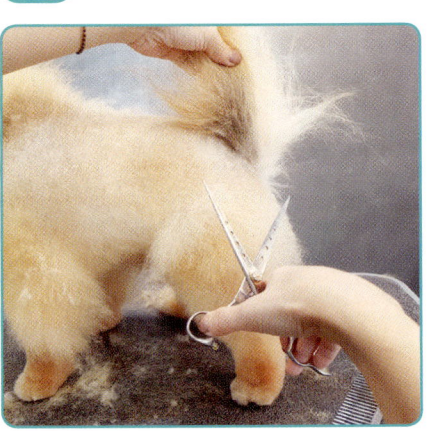

16

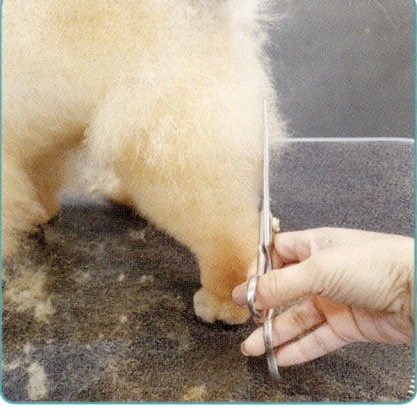

·········○

17

항문 아래로 둥글게 말아넣어 볼륨감있는 엉덩이를 표현한다.

18

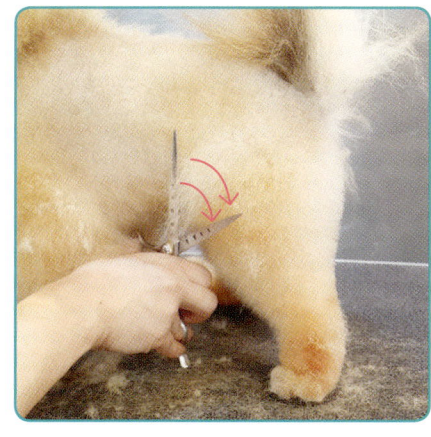

턱업 앞 1cm 지점부터 바디와 후지를 자연스럽게 굴려주며 입체감을 준다.

19

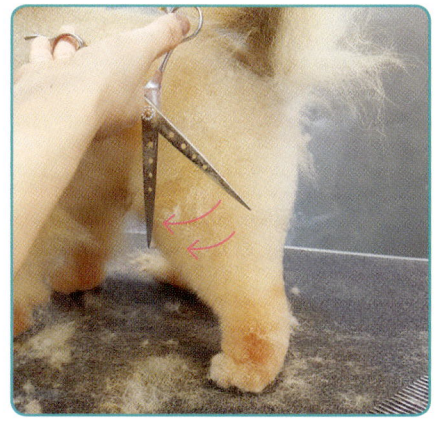

내측도 완만한 곡선으로 풋라인과 연결해준다.

20

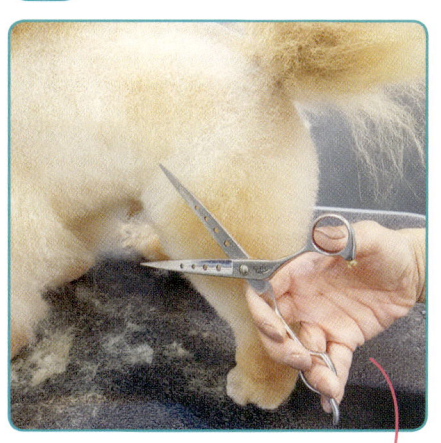

** Tip 닭다리 형태를 연상하며 후지를 커트하면 이해하기 쉽다.

21

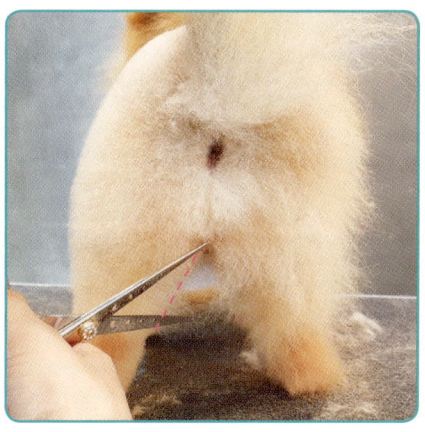

안쪽의 털은 'ㅅ'자 형태로 커트한다.

22

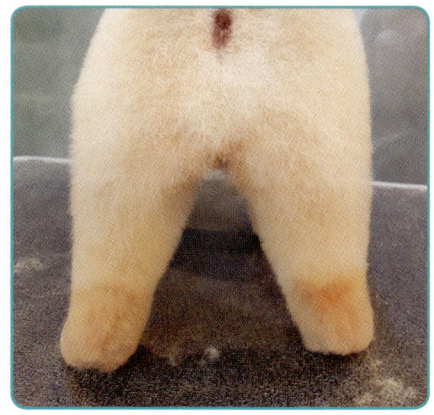

후지 완성 뒷모습

23

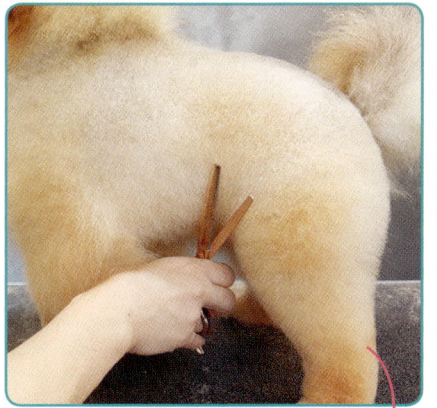

** Tip 허리 부분을 깊게 굴려 입체감을 표현하고 바디와 후지의 경계를 구분해준다.

23

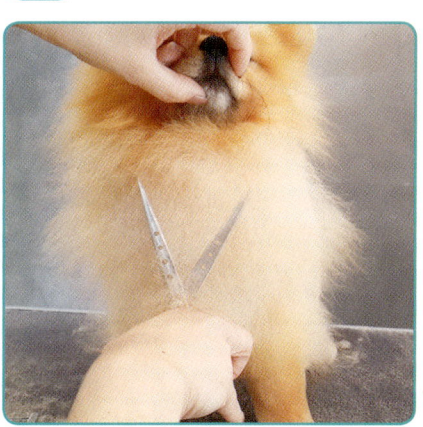

체장이 짧아 보이도록 앞가슴을 둥글게 커트한다.

continue

24
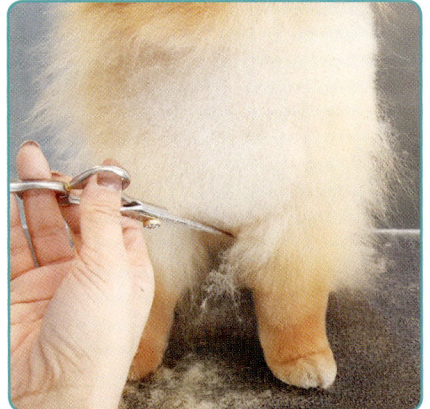
다리 사이까지 깊숙히 넣어 커트한다.

25
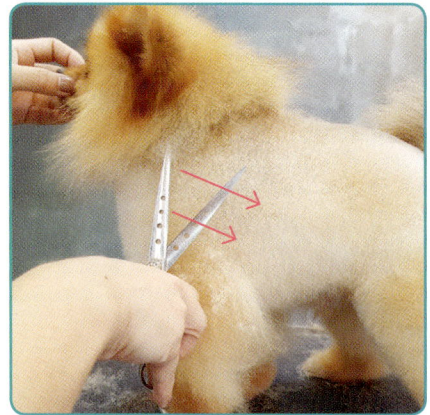
앞가슴과 연결하여 둥글게 다듬어 준다.

26
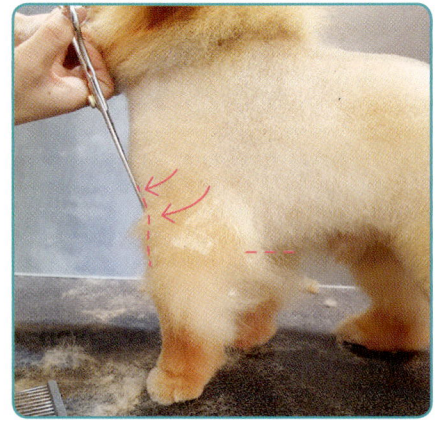
가슴과 언더라인이 연결되게 라인을 잡는다.

27
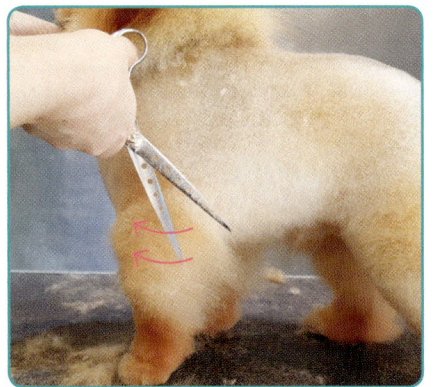
바디와 자연스럽게 연결해준다.

28
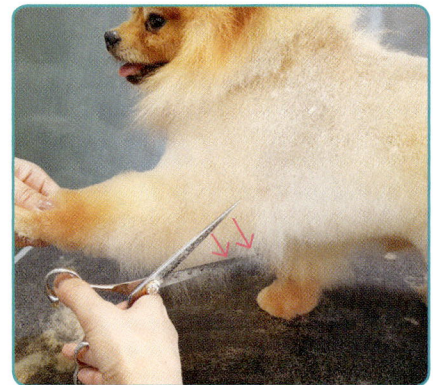
겨드랑이 안쪽을 깨끗이 정리한다.

29
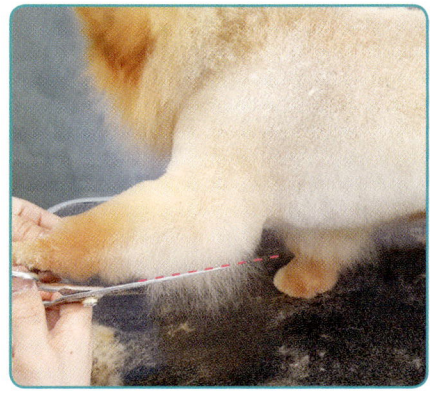
풋라인에서 사선으로 위로 갈수록 폭이 넓어지게 커트한다.

30
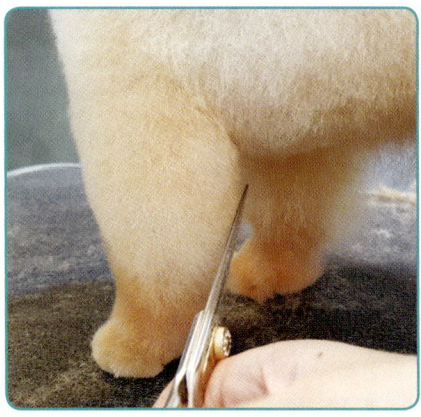
continue

31
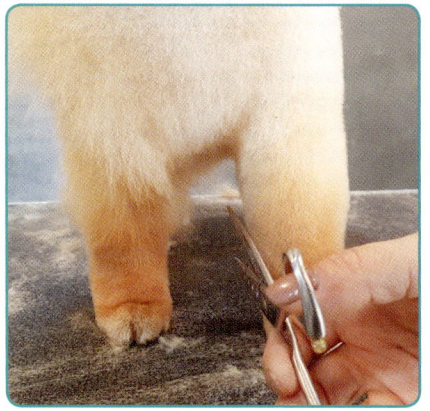
내측의 털도 밸런스를 맞춰 다듬는다.

32
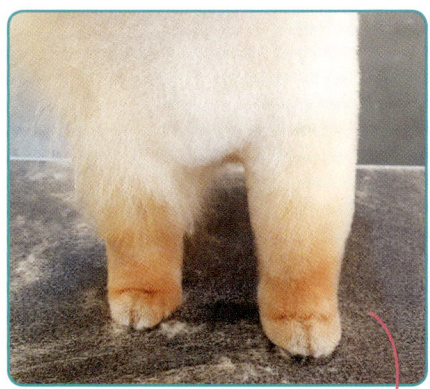
** Tip 뒤집어 놓은 깔대기 모양을 연상하며 커트한다. 반대쪽도 같은 방법으로 커트한다.

33

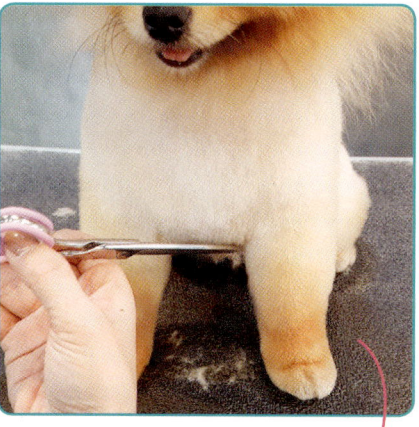

** *Tip* 앉은 상태에서 가슴 아래쪽 지저분한 털을 연결하여 다듬어 주면 깨끗한 면처리를 할 수 있다.

57 꼬리 다듬기

꼬리는 등에 얹어 길이를 설정한다.

58

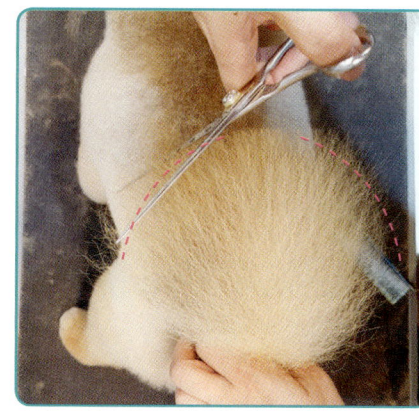

콤으로 털을 펼쳐 부채 형태로 다듬는다.

59

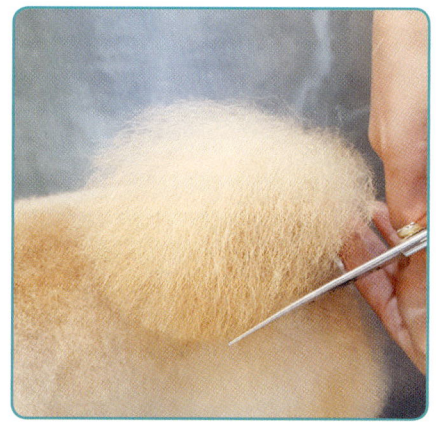

측면에서도 조금만 다듬어 풍성한 꼬리를 표현하여 마무리한다.

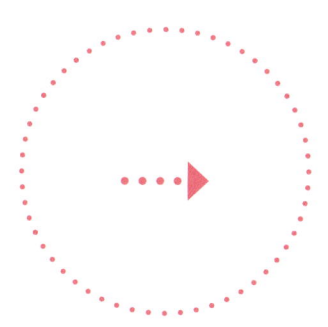

continue

Before

After

이 컷의 Point *

포메라니안은 귀 끝을 최대한 짧게 굴려 커트해야 귀가 작아보이고 털 속에 파묻힌 듯한 귀여운 느낌을 연출할 수 있다. 귀 움직임이 많은 강아지가 많기 때문에 보정하며 커트하는 법을 중점으로 살펴보자.

Face Cut Start !

34

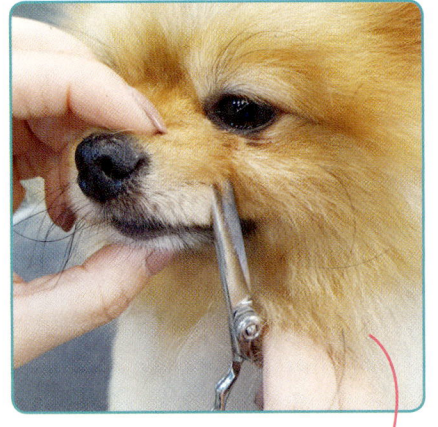

** Tip 수염은 견주의 취향에 따라 달라지기때문에 상의 후 자르며, 뿌리부터 잘라주어야 한다.

35

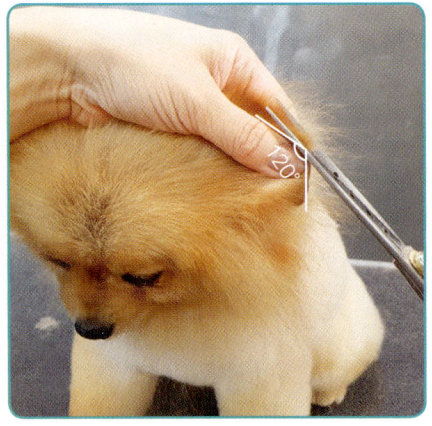

귀끝이 다치지 않게 확인하며 120° 각도로 커트한 후, 각을 굴려 없애준다.

36

** Tip 귀 끝을 스피츠와 같이 뾰족하게 자르면 귀가 커보이고 머리털에 묻히지 않기 때문에 최대한 바짝 커트하여 귀가 작아보이게 한다.

37

눈밑 눈물자국이 있는 부분은 숱가위로 자연스럽게 잘라준다.

38

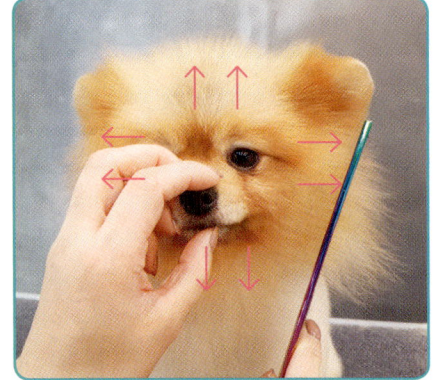

곰돌이컷의 형태를 잡기 전 그림과 같이 콤으로 털을 펼친다는 느낌으로 전체적으로 코밍한다.

39 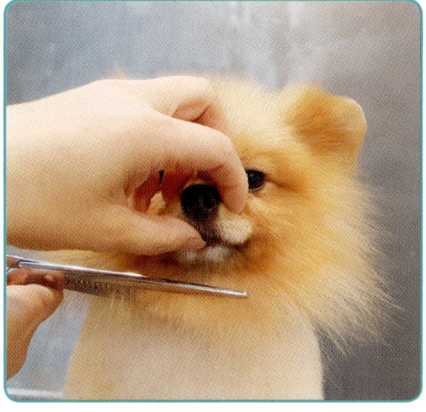 아래턱 먼저 원하는 크기에 맞춰 일직선으로 기초선을 잡는다.	**40**  귀를 밀어세운 상태에서 귀와 연결하여 반원으로 기초선을 잡는다.	**41** 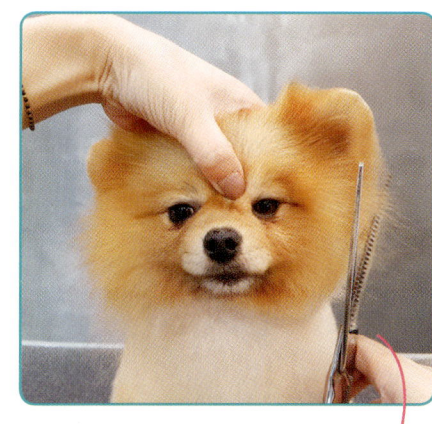 ** Tip 귀 세우는 보정방법: 미간 부분과 귀 뒤에서 밀어주면 좀 더 쉽게 라인을 잡을 수 있다.
42  각진 부분을 굴리며 다듬어 나간다.	**43** 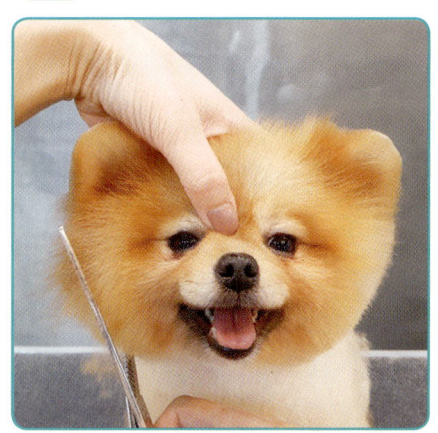 반대쪽도 같은 방법으로 맞춰준다.	**44**  고개를 숙여 눈 옆 튀어나온 털을 굴려주며 다듬는다.
45  정수리 부분은 최대한 살려 귀와 분리되지 않도록 연결한다.	**46**  귀 안쪽의 털은 최대한 살려 긴 털만 정리한다.	**47**  전체적으로 다듬어 둥글게 커트한다.

continue

48

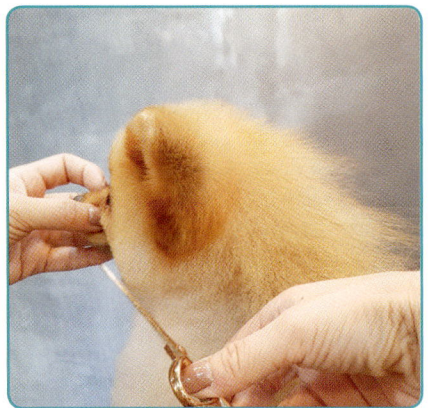

얼굴과 목을 깊지 않고 자연스럽게 분리해준다.

49

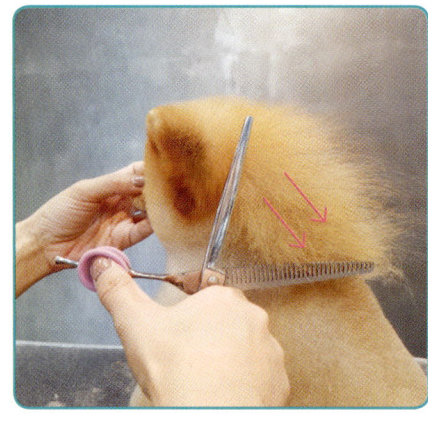

후두부가 납작해지지 않도록 주의하며 바디와 자연스럽게 연결해준다.

50

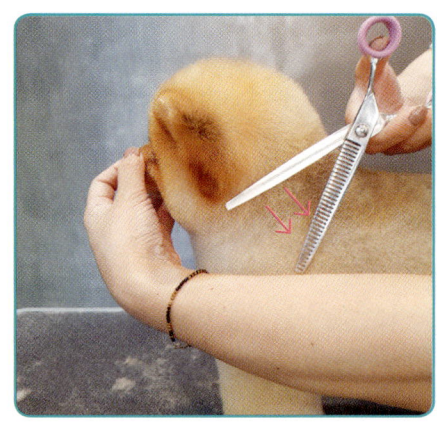

목과 얼굴 경계에 곡선으로 다듬어 볼륨감을 준다.

51

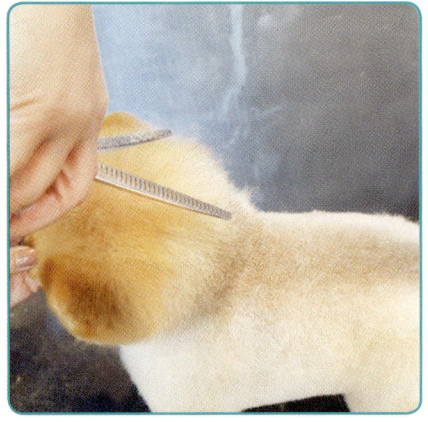

위에서 볼 때 원 형태로 보일 수 있도록 한다.

52

좌우 밸런스를 맞춘다.

53

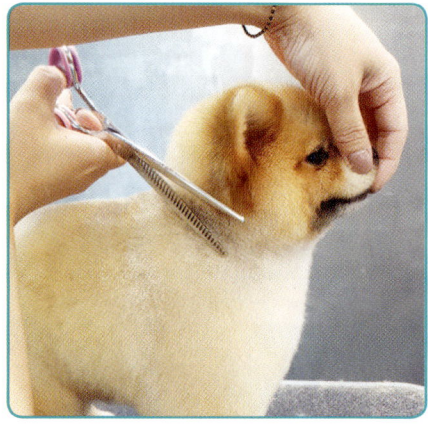

54

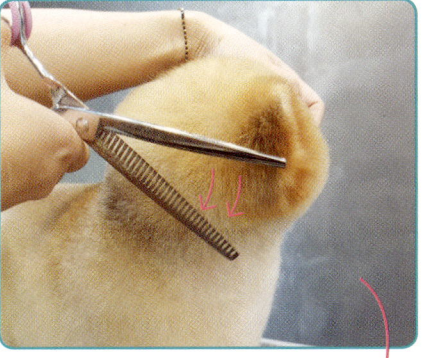

** *Tip* 귀 뒷부분은 자칫 짧아질 수 있으니 코밍과 커트를 반복하여 아웃라인을 재차 확인하며 신중히 다듬는다.

55

밸런스를 맞추며 전체적으로 다듬는다.

56

귀뿌리지점

** *Tip* 뒤에서 귀뿌리 지점을 밀어 귀를 세우는 보정 손 모습

60

(Finish)

곰돌이컷 79

Pomeranian Style ②

포메라니안 라이언 변형컷

라이언 변형컷은 포메라니안의 매력인 풍부한 모량을 살려 사자 이미지를 연상케 하는 스타일이다. 앞의 곰돌이컷처럼 얼굴을 따로 분리하지 않고 크고 둥글게 연결하여 포인트를 주었다. 포메라니안, 페키니즈, 스피츠 등 이중모를 가진 견종에게 표현할 수 있다. 속털이 없어 모량이 적거나 축축 처지는 겉 털만 있는 포메라니안의 경우, 조금 짧고 자엽스럽게 연결하면 물개컷으로 표현된다.

Let's start Pomeranian grooming!

Before

After

이 컷의 Point *

바디는 앞의 곰돌이컷과 동일하지만 등선을 잡을 때 기갑부 뒤로 2~3cm 더 여유를 주고 잡아야 목둘레의 두텁고 풍부한 털을 둥근 형태로 바디와 자연스럽게 연결할 수 있다.

Start !

1

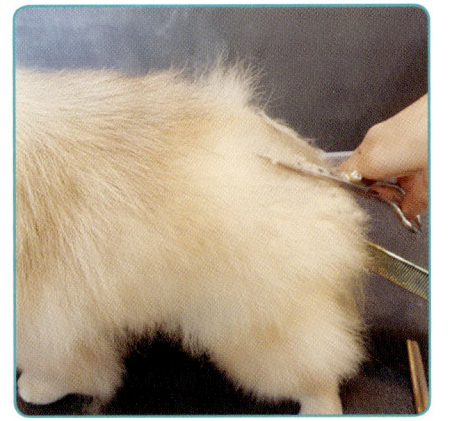

엉덩이 부분은 짧게 커트해 낮아 보이도록 한다.

2

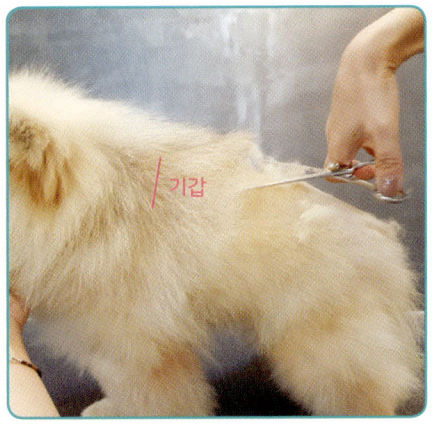

기갑부 뒤로 2~3cm까지면 수평으로 등선을 잡는다.

3

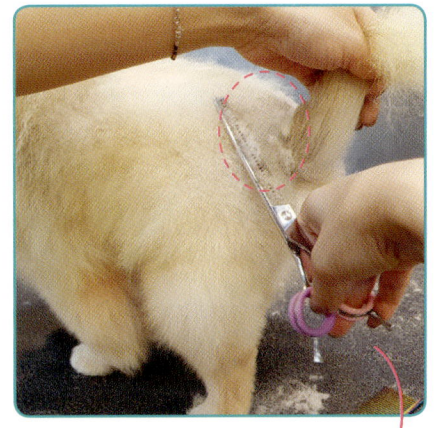

** Tip 포메라니안의 꼬리는 등에 바짝 붙어있기 때문에 꼬리를 세워 겹치는 털이 없게 커트해야 아웃라인이 예쁘게 연결된다.

4

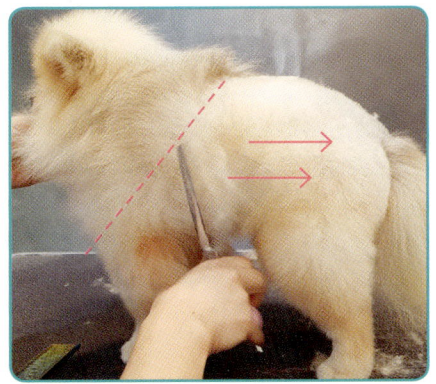

라이언 변형컷은 앞쪽 표현으로 라인을 만들기 때문에 표시된 부분까지만 곰돌이컷 바디와 같은 방법으로 둥글게 커트 한다.

포메라니안에 대하여

포메라니안은 다른 견종에 비해 냄새가 별로 나지 않는다. 잦은 목욕보다는 엉덩이나 발 등 부분적인 목욕으로 속털이 너무 빠져나가지 않게 하며 미지근한 물로 목욕 횟수를 최소화하며 관리해 주는 것이 좋다.

포메라니안의 특성상 여름을 시원하게 보내기 위해 봄엔 털갈이를 하고 겨울엔 따뜻하게 보내기 위해 속털이 왕성하게 자라나는데 이 시기에 빠진 털이 미쳐 나오지 못하고 속에서 엉키게 된다. 2~3일에 한번은 손으로 엉킨 부분을 잡고 핀 브러쉬로 조금씩 풀어 주는게 좋다.

5

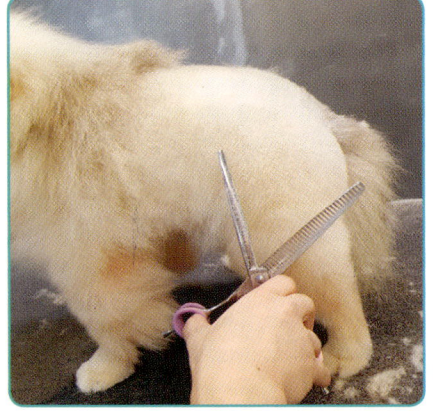

닭다리 형태로 후지를 커트한다.

6

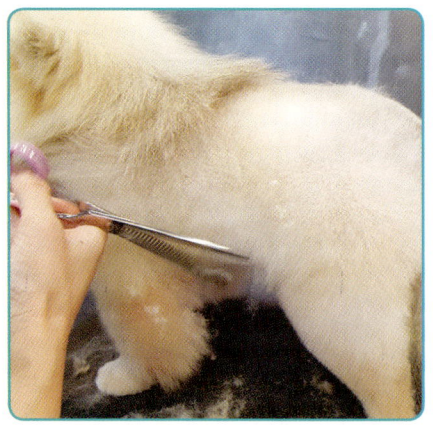

7

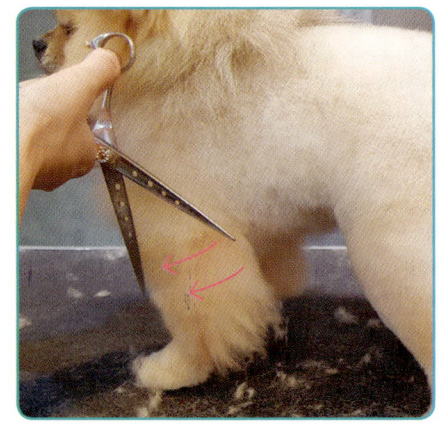

뒤집어 놓은 깔대기 모양으로 전지를 커트한다.

8

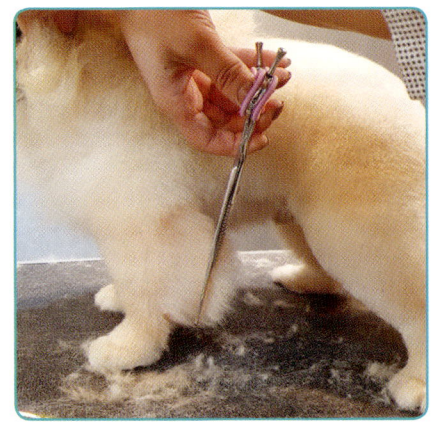

둥근 곡선을 그리듯 장식털을 커트한다.

9

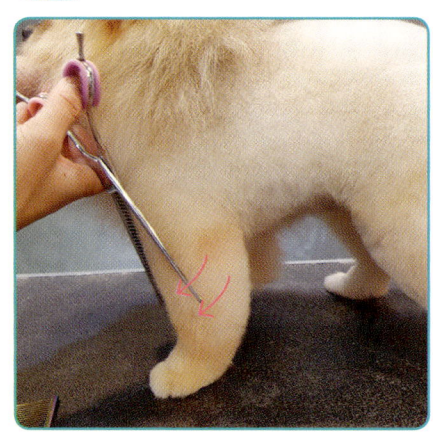

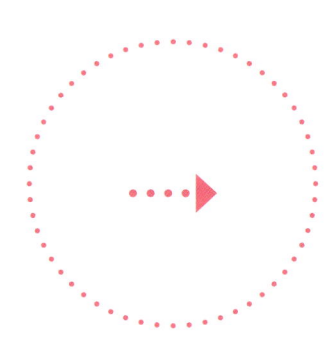

10

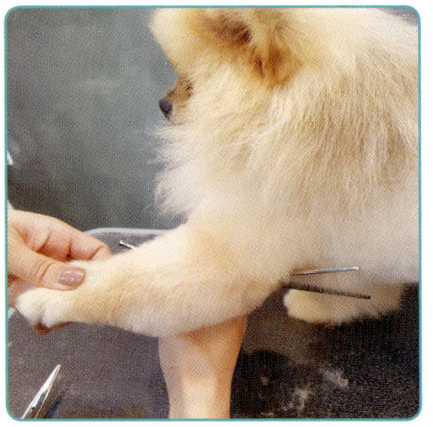

11

갈기 아래부분만 전체적으로 둥글게 연결하여 커트한다.

12

바디 완성

Face Cut Start !

13
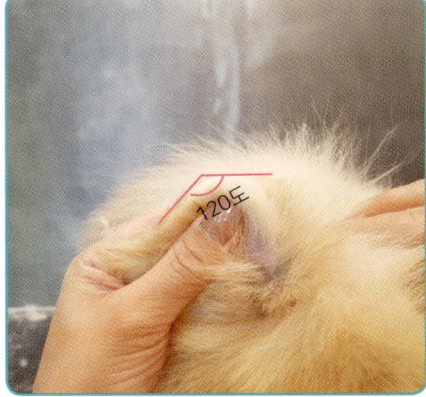

14

눈 밑 머즐 부분의 털은 숱가위로 가위 자국이 남지 않게 다듬는다.

15
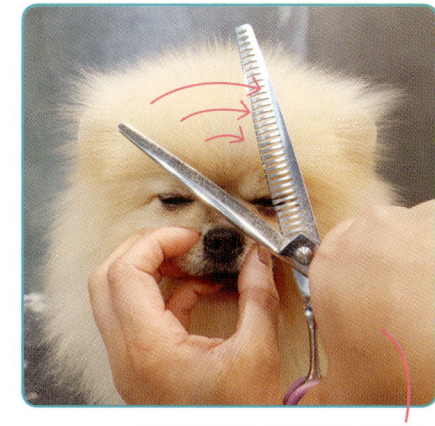

** Tip 이마는 반구형 모양으로 귀 앞부분이 잘리지 않게 튀어나온 최소의 털만 정리해 풍성한 느낌으로 커트한다.

16

최대한 풍성해 보일 수 있게 소량만 다듬어 짧아지지 않도록 굴려준다.

17

높은 톤의 소리로 귀를 쫑긋 세우고 귀 끝을 반원으로 연결하며 아웃 라인을 잡는다.

18
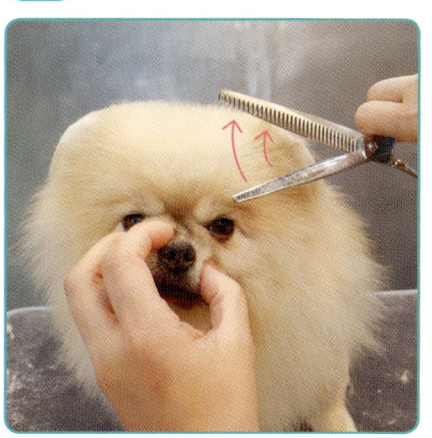

머리털이 풍성하여 귀를 숨겨놓듯 커트한다.

19
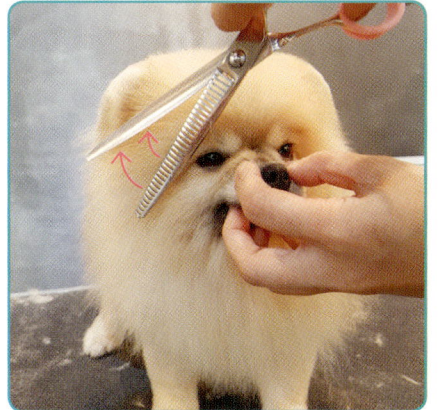

눈 끝쪽으로 튀어나온 털을 굴려 이어준다.

20
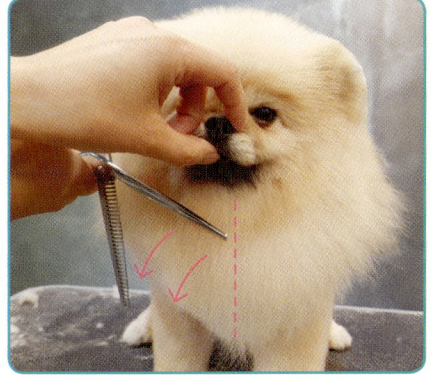

앞가슴의 털을 반으로 나누어 전지까지 둥글게 연결하며 라이언컷의 포인트인 갈기 형태의 틀을 잡는다.

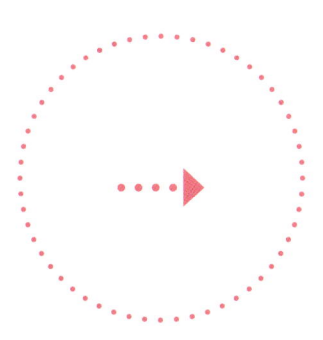

continue

21
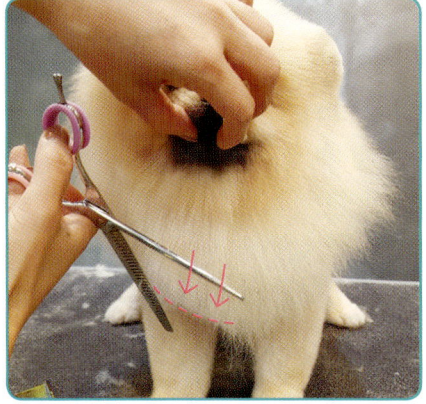

22
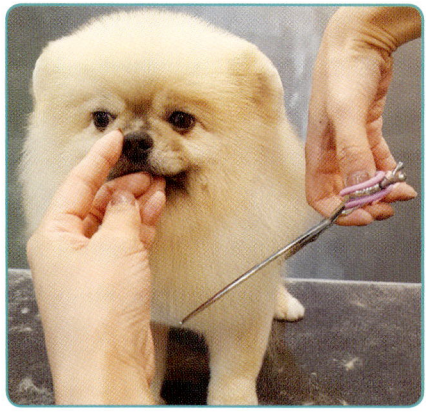
반대편도 같은 폭으로 맞춰 나간다.

23

24
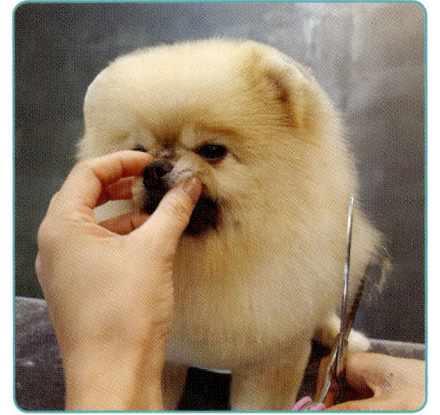
목 둘레의 두텁고 풍부한 털을
둥근 형태로 바디와 연결하여 커트한다.

25
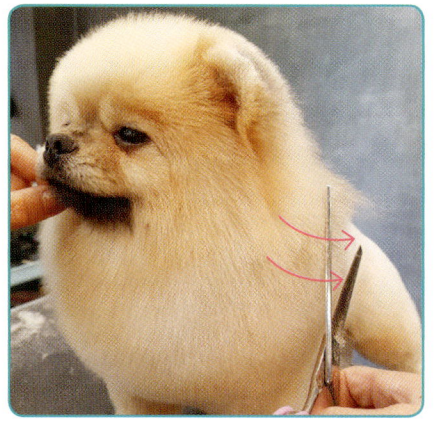
요술가위로 커트된 바디와 자연스럽게
연결한다.

26
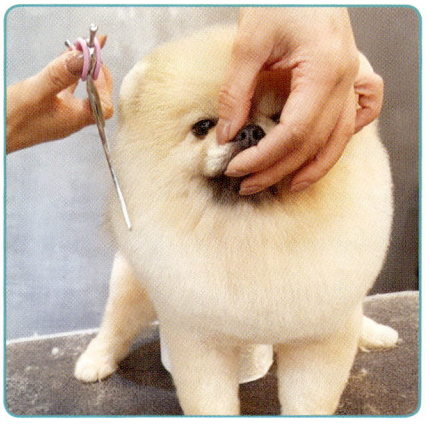

27
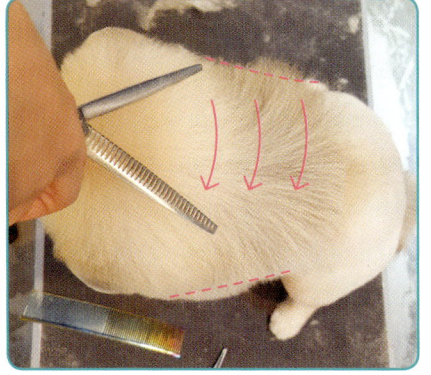
후두부와 기갑 아래 2~3cm까지 숱가위
로 자연스럽게 연결한다.

28
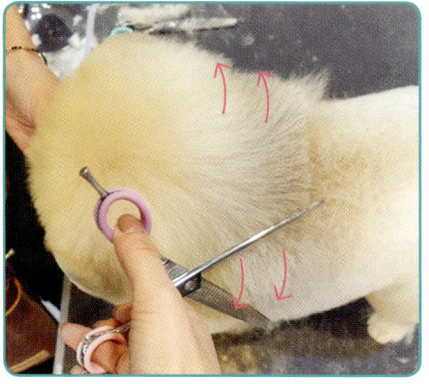

29
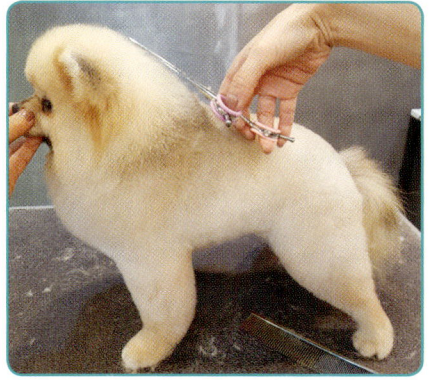
측면의 아웃라인을 전체적으로
다듬어 완성한다.

30

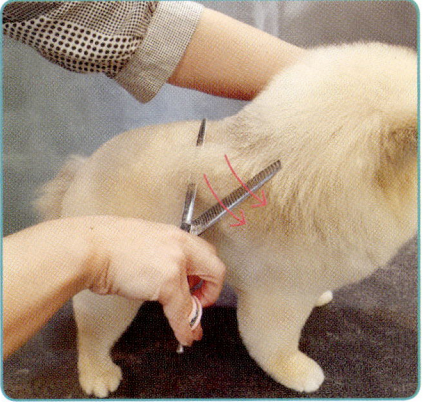

뒤에서 봤을 때도 좌우 밸런스를 확인하며 맞춰준다.

31

Finish ·······○

32

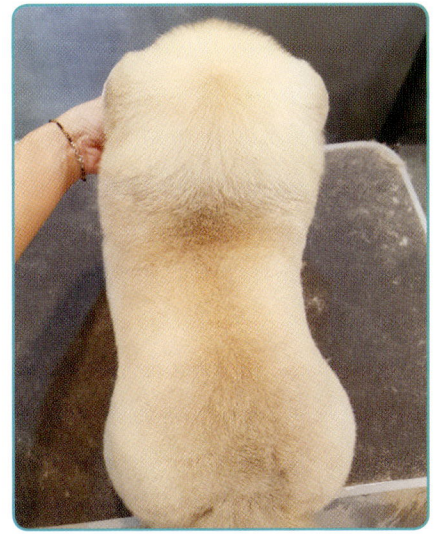

위에서 내려봤을 때 땅콩 모양처럼 라인을 대칭을 맞춰 완성한다.

33

Finish ·······○

GET STYLE TRENDY COLLECTION

MALTESE & POMERANIAN & YOCKSHIRE